# Ça Marche

# Ça Marche
## Comment et Pourquoi

Les Douze Étapes
et les Douze Traditions
de Narcotiques Anonymes

Narcotics Anonymous World Services, Inc.
Chatsworth, California USA

Les douze étapes et les douze traditions
sont reproduites et adaptées avec l'aimable autorisation
de AA World Services, Inc.

World Service Office
PO Box 9999
Van Nuys, CA 91409 USA
T 818.773.9999
F 818.700.0700
Website: www.na.org

World Service Office–CANADA
Mississauga, Ontario

World Service Office–EUROPE
Brussels, Belgium
T +32/2/646 6012

World Service Office–IRAN
Tehran, Iran
www.na-iran.org

Printed in China

14  13    6 5 4

Traduction de littérature approuvée par la fraternité de NA.

Narcotics Anonymous,  et The NA Way
sont des marques déposées de
Narcotics Anonymous World Services, Incorporated.

ISBN 978-1-55776-489-8      French      9/02

WSO Catalog Item No. FR-1140

# Table des matières

# Livre Deux : Les Douze Traditions

# INTRODUCTION

C'est avec grand plaisir que nous souhaitons la bienvenue à nos lecteurs ! L'ouvrage que vous tenez entre vos mains est une explication des douze étapes et des douze traditions de Narcotiques Anonymes. Nous sommes toutefois bien conscients qu'un sujet aussi personnel que le rétablissement pourra difficilement aboutir à une définition universelle. Ce livre n'a donc pas la prétention d'être une étude exhaustive des étapes et des traditions, pas plus qu'il ne représente l'autorité ultime sur le rétablissement dans tous ses aspects ou sur l'unité de NA. Au contraire, il est conçu pour vous aider à former votre propre interprétation des principes énoncés dans nos étapes et nos traditions. Nous espérons que vous trouverez, dans ces pages, matière à développer votre croissance personnelle, votre compréhension des choses et votre empathie. Nous prions pour que vous parveniez à un degré supérieur de compréhension de votre rétablissement et à une meilleure appréciation de la place déjà importante que vous occupez en tant que membre de Narcotiques Anonymes.

À sa manière, chaque membre de NA a contribué à l'élaboration de ce livre. Nouveau dans le rétablissement ou membre de longue date, votre expérience, votre soutien et surtout, votre présence dans les salles où nous nous réunissons pour partager notre rétablissement, ont créé l'élan moteur qui nous a permis de produire ce livre. Écrire un ouvrage sur l'expérience d'une fraternité aussi variée que la nôtre a été l'objet d'un très long travail, mais nous avons vu tous les obstacles et les écueils s'aplanir devant notre but primordial : transmettre le message au dépendant qui souffre encore. Par sa force et sa clarté, ce but unique s'impose dans notre conscience collective comme étant la seule chose qui importe vraiment. Alors, des miracles se produisent et tout devient possible.

La nature du rétablissement a inspiré le titre de ce livre. ÇA MARCHE exprime en effet et incontestablement la réalité fondamentale de notre programme. Les raisons pour lesquelles notre programme marche, le comment et le pourquoi du rétablissement, se retrouvent un peu partout : en chacun d'entre nous, dans notre relation avec une puissance supérieure, dans notre cœur et dans notre esprit, et dans la sagesse collective de nos membres. Comme nous nous sommes efforcés, en préparant ce livre, de transcrire cette sagesse collective, nous n'avons pu nous empêcher de l'intituler avec pertinence : *Ça marche : comment et pourquoi*.

Nous prions pour que ce livre soit le véritable reflet de la valeur thérapeutique de l'aide apportée par un dépendant à un autre. Nous vous en faisons cadeau, de dépendant à dépendant, et nous espérons qu'il exprimera, aussi fortement que nous les ressentons, notre sollicitude et notre amour envers chaque dépendant qui essaie notre mode de vie. Utilisez ce livre et tirez en profit. Partagez-le avec vos amis, votre parrain ou votre marraine, et vos filleuls ou filleules. Après tout, c'est en partageant les uns avec les autres que nous trouvons nos réponses, que nous découvrons notre puissance supérieure et notre voie vers le rétablissement.

# LIVRE UN

## Les Douze Étapes

Le but du livre premier est d'inciter les membres à s'investir dans leur rétablissement et leur permettre d'acquérir une compréhension personnelle des principes spirituels exprimés dans les douze étapes de Narcotiques Anonymes. Il explore les principes spirituels de chaque étape et la manière dont nous les appliquons dans notre vie. Nous pensons donner ici une présentation des étapes qui prenne en compte la diversité de notre fraternité et reflète l'éveil spirituel décrit dans notre douzième étape.

# PREMIÈRE ÉTAPE

*« Nous avons admis que nous étions impuissants devant notre dépendance, que nous avions perdu la maîtrise de notre vie. »*

En tant que dépendants, nous avons tous connus la douleur, la solitude et le désespoir de la dépendance. Avant d'arriver à NA, nous avons tout tenté pour contrôler notre consommation de drogues. Nous avons essayé de changer de drogue, convaincus que le problème venait d'une substance particulière, ou bien nous avons essayé de ne consommer qu'à certains moments ou en certains endroits. Peut-être même nous étions-nous jurés de cesser entièrement de consommer. Nous nous sommes peut-être promis de ne jamais faire ce que d'autres dépendants faisaient, pour finalement nous retrouver à faire la même chose qu'eux. Toutes nos tentatives n'ont été d'aucun effet durable. Notre dépendance active a continué de progresser en dépit de nos meilleures résolutions. Emprisonnés dans la solitude et terrifiés par l'avenir qui nous était réservé, nous nous sommes adressés à la fraternité de Narcotiques Anonymes.

En tant que membres de Narcotiques Anonymes, notre expérience nous a appris que la dépendance est une maladie progressive. Cette progression peut être rapide ou lente, mais notre situation n'a fait qu'empirer. Tant que nous consommons de la drogue, notre vie va de plus en plus mal. Il est impossible de donner de la dépendance une description précise qui fasse l'unanimité, mais la maladie semble tous nous affecter de la même manière. Mentalement, nous devenons obsédés par l'idée de consommer. Physiquement, nous développons un comportement compulsif qui nous pousse à consommer en dépit des conséquences. Spirituellement, nous devenons de plus en plus égocentriques au fur et à mesure que progresse notre dépendance. Pour beaucoup d'entre nous, associer le mot de maladie à la dépendance n'est pas dénué de sens, car notre expérience montre que cette maladie est progressive, incurable et parfois mortelle si sa progression n'est pas arrêtée.

Dans Narcotiques Anonymes, nous ne nous préoccupons pas seulement du symptôme le plus visible de notre dépendance – notre consommation abusive de drogues – mais de tous ses aspects et ceux-ci sont nombreux. Dans l'application de ce programme, nous découvrons comment la dépendance affecte personnellement notre vie. En dehors des effets particuliers de la dépendance sur chacun d'entre nous, nous partageons tous certaines caractéristiques communes. En travaillant la première étape, nous aborderons l'obsession, la compulsion, le déni et ce que beaucoup appellent le « vide spirituel ».

Au fur et à mesure que nous examinons notre maladie et que nous l'admettons sous tous ses aspects, nous commençons à comprendre ce qu'est l'impuissance. Beaucoup de dépendants ont eu du mal à admettre qu'ils étaient dominés par l'obsession et la compulsion. L'idée que ces mots s'appliquaient à eux a pu leur faire grincer des dents. Cependant, l'obsession et la compulsion caractérisent effectivement notre impuissance. Il

nous faut donc comprendre et reconnaître leur incidence sur notre vie afin d'admettre pleinement notre
impuissance. Pour nous, l'obsession est ce flot inces-
sant de pensées liées à la consommation de drogue, au
manque de drogue, au fait de chercher à s'en procurer
davantage, et ainsi de suite. Nous n'avons aucun moyen
d'évacuer ces pensées de notre esprit. Selon notre expérience, la compulsion est cette pulsion irrationnelle
qui en dépit des conséquences, nous oblige à continuer
de consommer. Nous nous retrouvons donc dans l'incapacité totale d'arrêter. Nous parlons ici de l'obsession et de la compulsion inhérentes à notre consommation de drogue, car, au départ, c'est par la dépendance aux drogues que nous nous identifions aux autres
et à ce programme. En poursuivant notre rétablissement, nous verrons comment se manifestent ces caractéristiques de notre dépendance dans d'autres domaines de notre vie.

Le déni est l'élément de notre maladie qui nous rend
difficile, sinon impossible, d'admettre la réalité. Dans
la dépendance active, le déni nous empêchait de voir
réellement ce que devenait notre vie. Maintes et maintes fois, nous nous sommes répétés que, si certaines
conditions étaient réunies, nous pourrions encore retrouver la maîtrise de notre vie. Toujours habiles à justifier nos actes, nous refusions d'endosser la responsabilité des préjudices causés par notre dépendance.
Nous pensions qu'en faisant de réels efforts, en substi-
tuant une drogue à une autre, en changeant d'amis, en
modifiant notre manière de vivre ou en trouvant un

nouvel emploi notre vie s'améliorerait. Ces rationalisations nous ont trompés à maintes reprises et pourtant nous avons continué à nous y accrocher. Malgré toutes les preuves du contraire, nous continuions à nier le fait que nous avions un problème de drogue. Croyant que nous pourrions réussir à consommer à nouveau, nous persistions à nous raconter des histoires. Nous continuions à justifier nos actes malgré le gâchis que notre dépendance causait autour de nous.

Quant à la part spirituelle de notre maladie, nous pouvons la déceler au sentiment de vide ou de solitude que nous éprouvons lorsque nous devenons abstinents, et elle constitue sans doute l'aspect le plus problématique de notre maladie. Du fait même qu'elle nous affecte si profondément et si intimement, l'idée de lui appliquer un programme de rétablissement peut nous accabler totalement. Toutefois, n'oublions pas que personne ne se rétablit du jour au lendemain.

En commençant à observer les effets de notre maladie, nous ne manquons pas de nous apercevoir que nous avons perdu la maîtrise de notre vie. Nous nous en rendons compte par tout ce qui va mal dans notre vie. Là encore, notre expérience demeure individuelle et varie largement d'un dépendant à l'autre. Certains d'entre nous se sont rendus compte qu'ils avaient perdu la maîtrise de leur vie à cause de la complète déroute qu'ils vivaient sur le plan émotionnel, ou bien parce qu'ils commençaient à se sentir coupables de leur consommation de drogue. D'autres ont tout perdu : maison, famille, travail et respect d'eux-mêmes. Certains n'ont même jamais appris à fonctionner en tant qu'être humain. Nombreux sont ceux parmi nous qui ont passé du temps en prison ou dans des centres de soins. D'autres encore ont frôlé la mort. Quel que soit le vécu de chacun, notre vie a été gouvernée par des comportements obsessionnels, compulsifs et égoïstes qui, au bout du compte, ont conduit à la perte de la maîtrise de notre vie.

Nous sommes probablement arrivés à NA sans être conscients de la nature de nos problèmes. À cause de notre égocentrisme, nous avons souvent été les derniers à savoir que nous étions dépendants. Pour beaucoup d'entre nous, ce sont nos amis ou notre famille qui nous ont convaincus d'aller à des réunions de NA. Pour d'autres, ce sont les tribunaux qui les ont fortement incités à le faire. Peu importe comment cela s'est produit, nous avons dû abandonner nos anciennes illusions. Avant de pouvoir faire face à la réalité de notre dépendance, nous avons dû substituer l'honnêteté au déni.

Beaucoup ont en mémoire le moment de vérité où ils se sont retrouvés face à leur maladie. Tous les mensonges, toutes les rationalisations, tous les prétextes que nous avions utilisés pour justifier l'être que nous étions devenus à cause de notre consommation de drogues, ont cessé de fonctionner. Ce personnage nous est apparu clairement. Nous ne pouvions plus fuir la réalité.

Nous avons découvert que nous ne pouvions pas nous rétablir sans acquérir la capacité d'être honnête. Beaucoup d'entre nous sont arrivés à NA après des années de malhonnêteté. Cependant, nous *pouvons* apprendre à être honnêtes et devons commencer à nous y appliquer. Apprendre à être honnête est un processus continu, et c'est en travaillant les étapes et en restant abstinents que nous acquérons petit à petit la capacité de le devenir. Dans la première étape, nous commençons à mettre en pratique le principe spirituel d'honnêteté, en admettant la vérité sur notre consommation de drogue. Puis, nous poursuivons en admettant la vérité à propos de notre vie. Nous regardons en face les choses telles qu'elles *sont* et non telles qu'elles pourraient ou devraient être. Peu importe d'où nous venons ou ce que nous croyons avoir subi en bien ou en mal, le fait est que lorsque nous nous tournons enfin vers Narcotiques Anonymes et les douze étapes, nous commençons à éprouver un certain soulagement.

Dès la première étape, il est important de nous poser quelques questions fondamentales : est-ce que je peux contrôler ma consommation de drogue ? Est-ce que je suis disposé à arrêter de consommer ? Est-ce que je suis disposé à faire tout ce qui est nécessaire pour me rétablir ? Devant le choix entre un nouveau mode de vie dans NA ou la dépendance active, nous commençons à trouver de l'attrait au rétablissement.

Nous commençons à voir tomber nos réserves, ces parties de nous-mêmes que nous ne voulons pas abandonner. En effet, la plupart d'entre nous en *ont* encore lorsqu'ils deviennent abstinents. Malgré la difficulté que cela représente, nous devons trouver le moyen de les aborder. Ces réserves peuvent être de toutes natures, par exemple, croire que si nous n'avons jamais eu de problème avec une drogue spécifique, nous pouvons la consommer, ou bien mettre une condition à notre rétablissement, telle que rester abstinent tant que nos espérances se concrétisent, ou bien croire que nous pouvons encore fréquenter les gens qui étaient associés à notre dépendance, ou penser que nous pouvons consommer à nouveau après un certain temps d'abstinence, ou encore décider consciemment ou inconsciemment de ne travailler que certaines étapes. Avec l'aide d'autres dépendants en rétablissement, nous pouvons trouver les moyens de nous débarrasser de nos réserves. À leur propos, il est essentiel de savoir que si nous les conservons, nous favorisons la rechute.

Le rétablissement débute lorsque, dans tous les domaines de notre vie, nous commençons à mettre en pratique les principes spirituels contenus dans les douze étapes de NA. Néanmoins, nous prenons bien conscience qu'il est impossible d'enclencher ce processus si nous n'arrêtons pas de consommer de la drogue. L'abstinence complète de toutes drogues est la seule façon de commencer à surmonter notre dépendance. Cela dit, si l'abstinence est le point de départ, notre seul espoir de rétablissement est de changer complètement sur le plan émotionnel et spirituel.

Notre expérience prouve qu'il nous faut être disposés à faire tout ce qui sera nécessaire pour parvenir à cette chose précieuse qu'est le rétablissement. En rétablissement, nous nous initierons donc à des principes spirituels comme la capitulation, l'honnêteté et l'acceptation, principes essentiels à la première étape. Si nous appliquons fidèlement ces principes, ils transformeront notre perception des choses ainsi que notre manière de vivre.

Au début, lorsque nous commençons à mettre ces principes en pratique, ils peuvent sembler contraires à notre nature. La première étape nous demande d'admettre avec honnêteté, et cela peut exiger un effort délibéré de notre part. Tout en admettant notre dépendance, il est encore possible que nous nous demandions si ce programme va réellement fonctionner pour nous. L'acceptation de notre dépendance dépasse le fait de l'admettre consciemment. À partir du moment où nous acceptons notre dépendance, nous obtenons l'espoir de nous rétablir. Nous commençons à croire au plus profond de nous-mêmes que le rétablissement est possible pour nous aussi. Nous commençons à abandonner nos doutes et à véritablement faire face à notre maladie. Nous nous ouvrons au changement. Nous capitulons.

Au fur et à mesure que nous travaillons la première étape, nous découvrons que la capitulation n'est pas ce que nous pensions. Dans le passé, nous considérions probablement la capitulation comme le propre des gens faibles et lâches. Nous n'envisagions que deux possibilités : soit continuer à lutter pour contrôler notre consommation, soit abandonner tout espoir d'y arriver et laisser notre vie s'écrouler. Nous avions le sentiment que si nous capitulions dans cette lutte pour contrôler notre consommation, les drogues gagneraient la bataille. En rétablissement, nous découvrons que la capitulation signifie lâcher prise sur les doutes que nous avons vis-à-vis du rétablissement et consentir à essayer un mode de vie différent. La capitulation est une démarche très personnelle, et nous seuls savons si nous l'avons effectuée. Nous mettons l'accent sur l'importance de la capitulation, car c'est elle qui nous permet d'accéder au rétablissement. Lorsque nous capitulons, nous savons, au fond de nous-mêmes, que nous en avons assez ; nous sommes fatigués de lutter. Un sentiment de soulagement nous envahit au moment où nous nous rendons compte que la lutte est enfin terminée.

Qu'importe jusqu'où nous avons lutté, nous avons enfin atteint le moment où nous avons compris que nous ne pouvions pas arrêter de consommer de la drogue par nous-mêmes. Nous avons été capables d'admettre notre impuissance devant notre dépendance. Nous avons complètement baissé les bras et, bien que ne sachant pas ce qui allait arriver, nous avons rassemblé notre courage et admis notre impuissance. Nous avons renoncé à l'illusion de pouvoir contrôler notre consommation, et ouvert de ce fait la porte au rétablissement.

Beaucoup d'entre nous entament le processus de capitulation à partir du moment où, lors d'une réunion de NA, ils s'identifient par leur prénom et en ces termes : « Je suis dépendant. » Une fois admis que nous sommes dépendants et qu'il nous est impossible de cesser de consommer par nous-mêmes, nous sommes capables, grâce à l'aide d'autres dépendants en rétablissement dans Narcotiques Anonymes, de rester abstinents un jour à la fois. Il y a un paradoxe dans le fait d'admettre notre impuissance et celui-ci apparaît dès le moment où nous travaillons la première étape. En effet, tant que nous pensons pouvoir contrôler notre consommation de drogue, nous nous trouvons pratiquement dans l'obligation de continuer, par contre, à partir du moment où nous admettons que nous sommes impuissants, nous n'avons plus jamais à consommer. Face à la consommation, cette rémission est le cadeau le plus précieux qu'il nous est donné de recevoir, car il nous sauve la vie.

Par notre expérience collective, nous avons découvert que nous pouvons accomplir ensemble ce que nous ne pouvions faire seuls. Nous devons donc rechercher l'aide d'autres dépendants en rétablissement. Assister régulièrement aux réunions nous permet de trouver un grand réconfort en écoutant les expériences de ceux qui suivent la même voie que nous. Arriver à NA a été décrit par beaucoup de membres comme un « retour au foyer ». Accueillis et acceptés par des dépendants en rétablissement, nous découvrons enfin un endroit où nous nous sentons chez nous.

Bien que nous soyons certainement aidés par les partages que nous entendons au cours des réunions, nous avons cependant besoin de prendre un parrain ou une marraine pour nous guider dans notre rétablissement. Ils partagent avec nous leur propre expérience des étapes à commencer par la première. Écouter l'expérience de notre parrain ou de notre marraine et l'appliquer à notre propre vie, est la meilleure façon de tirer

profit de l'un des aspects les plus beaux et les plus prag-
matiques du rétablissement : la valeur thérapeutique de
l'aide apportée par un dépendant à un autre. Dans nos
réunions, nous entendons souvent « ensemble nous
pouvons » ; travailler activement avec un parrain ou une
marraine nous en fera mieux comprendre la signification. En développant notre relation avec notre parrain
ou notre marraine, nous apprenons ce qu'est la confiance. En suivant ses suggestions plutôt que nos propres idées, nous apprenons ce que sont l'ouverture
d'esprit et la bonne volonté. Ainsi, notre parrain ou
notre marraine nous aidera à travailler les étapes du
rétablissement.

Pour travailler à fond la première étape, il est important de parler honnêtement avec notre parrain ou notre marraine de notre consommation de drogue et en
quoi elle a affecté notre vie. Nous ne devons jamais
oublier d'où nous venons et jusqu'où notre dépendance
nous a menés. Après tout, nous ne vivons seulement
qu'une rémission quotidienne de notre dépendance
active, et chaque jour nous devons accepter le fait que
nous ne pouvons pas consommer avec succès.

Le rétablissement n'est pas chose facile. Il faut beaucoup de courage et de persévérance pour le poursuivre
jour après jour. Aller de l'avant, en dépit des obstacles
qui peuvent survenir sur notre chemin, en est un des
actes essentiels. Du fait que le changement profond et
durable demande du temps, nous aurons à revenir
maintes et maintes fois à la première étape.

De longues périodes d'abstinence n'apportent pas la garantie d'être libéré définitivement de la souffrance et des difficultés que la dépendance entraîne. Les symptômes de notre maladie peuvent toujours revenir. Il est probable que nous découvrirons en nous des manifestations insoupçonnées de notre impuissance. C'est là que nous commençons à comprendre à quel point les choses que nous essayions tant de contrôler sont, en réalité, entièrement hors de notre contrôle. Quelle que soit la manière dont se manifeste notre maladie, nous devons toujours tenir compte de son caractère meurtrier. Ce faisant, nous arriverons à mieux comprendre la nature de notre maladie.

La maladie de la dépendance peut se manifester par une multitude d'obsessions mentales et d'agissements compulsifs qui n'ont rien à voir avec les drogues. Nous découvrons parfois que nous sommes aux prises avec un comportement compulsif et obsessionnel à propos de choses avec lesquelles nous n'avions, semble-t-il, jamais eu de problèmes jusqu'à ce que nous arrêtions de consommer. Encore une fois peut-être, nous essayons de remplir avec quelque chose d'extérieur à nous-mêmes le terrible vide qu'il nous arrive de ressentir en nous. Chaque fois que nous nous surprenons à utiliser quelque chose pour changer ce que ressentons, nous devons appliquer les principes de la première étape.

Nous ne sommes jamais à l'abri d'une perte de maîtrise de notre vie, même après des années de rétablissement. Dans le cas où les problèmes commencent à s'accumuler et que nos ressources pour y faire face diminuent, nous sentons peut-être les choses nous échapper et éprouvons trop de souffrance pour avoir une réaction constructive. Nous nous sentons soudain accablés par la vie et ce sentiment aggrave encore plus la situation. Lorsque notre vie semble s'écrouler, nous revenons aux bases du programme de NA. Nous nous rapprochons de notre parrain ou de notre marraine, nous travaillons les étapes et nous allons en réunion. Nous capitulons une nouvelle fois, en sachant que la victoire réside dans le fait d'admettre la défaite.

L'amour et l'acceptation que nous découvrons au sein de la fraternité de Narcotiques Anonymes nous permettent de commencer à nous rétablir de la dépendance. Nous apprenons à vivre différemment. En travaillant et en vivant les douze étapes, le vide qui nous accablait se comble petit à petit. Nous nous apercevons que ce programme simple aborde notre dépendance dans toute sa complexité. Nous trouvons une solution à notre désespoir.

Notre programme de rétablissement est de nature profondément spirituelle. Les douze étapes de Narcotiques Anonymes vont nous engager dans une voie qui nous conduira bien au-delà de nos espérances. Travailler et vivre les étapes nous conduira à un éveil spirituel. La première étape est le début de ce voyage spirituel. Pour l'entamer, nous devons nous apprêter à nous en remettre à ce programme et à ses principes, car notre avenir dépend de la bonne volonté que nous mettrons à grandir spirituellement.

Nous entrons dans un nouveau mode de vie qui offre de grandes joies et apporte du bonheur. Toutefois, le rétablissement ne nous exempte pas de souffrance. Vivre la vie telle qu'elle est allie des instants de joie et de tristesse. Aux événements merveilleux se mêlent des événements pénibles. Nous éprouverons une gamme complète de sentiments face aux événements de notre vie. (En regardant honnêtement ce que la dépendance avait fait de nous, nous constatons notre impuissance et la perte de maîtrise de notre vie.)En laissant de côté les doutes que nous conservions, nous acceptons notre dépendance,)nous capitulons et nous ressentons (l'espoir qu'apporte le rétablissement)Nous voyons que nous ne pouvons plus continuer comme avant. Nous sommes prêts pour le changement. Nous sommes disposés à essayer une autre voie. Avec bonne volonté, nous passons à la deuxième étape.

# DEUXIÈME ÉTAPE

*« Nous en sommes venus à croire qu'une puissance supérieure à nous-mêmes pouvait nous rendre la raison. »*

Au cours de la première étape, le fait de capituler nous laisse dans un profond besoin de croire en la possibilité de nous rétablir. Cette capitulation fait naître en nous un sentiment d'espoir. En admettant notre propre impuissance, nous ouvrons notre esprit à une idée entièrement nouvelle : la possibilité que quelque chose de plus grand que nous-mêmes puisse avoir assez de force pour nous ôter l'obsession de consommer.

Il est fort probable qu'avant d'arriver à NA, nous n'avions jamais cru en aucune force sauf en celle émanant de notre propre volonté, et cela s'était soldé par un échec. NA nous amène à avoir une compréhension différente des choses. Grâce à cela, l'espoir survient en nous et nous commençons à saisir ce que signifie « croire qu'une puissance supérieure à nous-mêmes peut nous rendre la raison ». Notre espoir s'accroît en écoutant d'autres dépendants en rétablissement. Nous pouvons nous identifier avec ce qu'ils étaient et trouver une source d'espoir en constatant ce qu'ils sont devenus. Nous écoutons attentivement pendant les réunions et nous nous disposons à mettre en pratique dans notre propre vie ce que nous y entendons. Au fur et à mesure que nous commençons à croire que l'espoir existe, notre confiance envers le rétablissement s'accroît.

Dans le « Livret blanc », nous pouvons lire : « Une chose plus que tout autre, peut compromettre notre rétablissement, c'est une attitude d'indifférence ou d'intolérance envers les principes spirituels. Trois d'entre eux sont indispensables : l'honnêteté, l'ouverture d'esprit et la bonne volonté ». Cet extrait ne veut pas dire que nous devons être d'une honnêteté, d'une ouverture d'esprit et d'une bonne volonté infaillibles. Nous devons simplement essayer d'appliquer ces principes du mieux que nous le pouvons. En abordant pour la première fois la deuxième étape, nous pouvons mettre en pratique le principe d'honnêteté en faisant un constat de ce que nous croyons ou non au sujet d'une puissance supérieure à nous-mêmes, puis en discutant avec d'autres. Développer notre ouverture d'esprit exige des efforts, mais ce principe peut se pratiquer en écoutant d'autres dépendants en rétablissement partager avec nous de quelle manière ils en sont venus à croire. Pour beaucoup, l'envie de tenter quelque chose de nouveau leur est venue du fait qu'ils en avaient vraiment assez de leurs vieux comportements. Étant donné que notre propre volonté ne suffisait pas à nous rendre la raison, il nous est apparu qu'une autre force pourrait agir, à condition de ne pas nous y opposer.

Beaucoup d'entre nous ont vu dans le terme « perdre la raison » une façon exagérée de décrire leur condition. Toutefois, en considérant avec réalisme notre dépendance active, nous nous apercevons que nous étions tout sauf raisonnables. Notre perception des choses n'était pas fondée sur la réalité. Nous aperce-

vions le monde autour de nous comme un environnement hostile. Certains d'entre nous vivaient en reclus
et n'avaient que peu ou pas de contacts avec les autres.
D'autres menaient une vie qui semblait normale, sans
laisser quoi que ce soit les atteindre sur le plan émotionnel. Dans un cas comme dans l'autre, nous avons
fini par éprouver un grand sentiment d'isolement. De
plus, malgré la preuve du contraire, nous pensions que
nous avions le contrôle de notre vie. Nous ne voulions
pas voir ou croire les vérités qui nous sautaient aux yeux.
Nous continuions à faire les mêmes choses et nous en
attendions des résultats différents. Le pire était que
nous poursuivions notre consommation de drogue sans
tenir compte des conséquences néfastes qu'elle nous
faisait subir. En dépit des signes nous avertissant que
nous ne contrôlions plus notre consommation, nous
tentions encore de la justifier. Bien trop souvent, le résultat de ces tentatives était que nous n'avions plus le
courage de nous regarder en face. Une évaluation réaliste
de notre façon d'agir ne laisse aucun doute : nous avons
désespérément besoin que l'on nous rende la raison.

Sans tenir compte de notre propre interprétation de
l'expression « rendre la raison », nous nous accordons,
pour la plupart, à dire que cela signifie changer au point
de ne plus laisser la dépendance et la déraison qui l'accompagne contrôler notre vie. Revenir à la raison est
l'entreprise de toute une vie. Individuellement, nous
vivons cela différemment à divers stades de notre rétablissement, cependant, les premiers résultats peuvent
se faire sentir dès le début. Au commencement, revenir

à la raison signifie que nous n'avons plus à consommer de drogue. Au lieu de nous isoler, nous allons en réunion. Nous appelons notre parrain ou notre marraine au lieu de rester seuls face à des sentiments pénibles à supporter. Pour travailler les étapes, nous demandons conseil auprès de notre parrain ou de notre marraine, ce qui est une véritable preuve de raison. Nous commençons à croire que quelque chose de plus fort que nous peut nous rendre la raison. Nous ressentons enfin de l'espoir pour nous-mêmes.

« Nous en sommes venus à croire » implique une démarche. Pour certains, celle-ci est simple et peut apporter des résultats immédiats. Beaucoup d'entre nous sont arrivés à NA dans un tel état de défaite qu'ils étaient prêts à essayer n'importe quoi. Rechercher l'aide d'une puissance supérieure à nous-mêmes a pu nous paraître la meilleure proposition que nous n'ayons jamais entendue. Toutefois, la démarche d'en venir à croire peut sembler difficile, douloureuse même. Beaucoup d'entre nous s'aperçoivent qu'il peut être utile d'agir comme s'ils y étaient parvenus. Cela n'est pas un encouragement à la malhonnêteté. Au contraire, encore aux prises avec le doute, cela signifie qu'ils mettent en pratique le programme comme s'ils étaient convaincus que la raison pouvait leur être rendue.

Croire en une puissance supérieure à nous-mêmes n'est pas chose facile pour tout le monde et pourtant nous nous sommes aperçus qu'il était indispensable d'avoir l'esprit ouvert pour aborder cette étape. En regardant autour de nous, nous découvrons de nombreuses raisons de croire. Notre croyance peut de résumer au simple fait que nous pouvons nous rétablir de la dépendance active. Par ailleurs, être libéré de l'obsession de consommer peut provoquer en nous la première prise de conscience qu'une puissance supérieure à nous-mêmes est à l'œuvre dans notre vie. Peut-être pour la première fois depuis des années, notre obsession de la drogue ne contrôle plus le déroulement de nos journées. Savoir que nous n'avons pas à consommer aujourd'hui est, en soi, une croyance d'une grande force.

Par le processus d'en venir à croire, nous commençons à connaître une forme de foi. Cela débute par l'espoir. Pour certains, cela n'est qu'une faible lueur, une impression peut-être que s'ils travaillent ce programme, leur vie s'améliorera. Notre espoir devient foi à mesure que notre vie commence à s'améliorer. Pour beaucoup, la foi peut se décrire comme une croyance en quelque chose d'intangible. Après tout et bien que cela soit arrivé à beaucoup d'entre nous, comment expliquer logiquement la disparition soudaine de notre obsession de consommer de la drogue ? Accompagnés par l'espoir d'une vie différente et l'apparition d'une foi en un possible rétablissement, nous entamons la démarche d'en venir à croire en une puissance supérieure à nous-mêmes.

Nos chemins et nos expériences de vie divergent, aussi est-il naturel que nous soyons porteurs de conceptions différentes à l'égard de la spiritualité. Dans NA, on n'oblige personne à croire en une idée préconçue. Chacun a la possibilité de croire en ce qu'il veut. Notre programme est un programme spirituel et non une religion. Individuellement, nous cultivons nos propres croyances au sujet d'une puissance supérieure à nous-mêmes. Quelle que soit notre conception de cette puissance, chacun d'entre nous peut recevoir son aide.

Au début, beaucoup d'entre nous placent leur puissance supérieure dans le groupe ou dans l'amour qu'ils rencontrent au sein de Narcotiques Anonymes. Un groupe de NA est un excellent exemple de puissance plus grande que nous à l'œuvre. Nous entrons dans une salle pleine de dépendants qui partagent avec nous leur expérience, leur force et leur espoir. En les écoutant, nous acquérons la certitude qu'eux aussi ont été en proie au désespoir et aux remords dont nous avons souffert. Alors que nous les observons suivre un nouveau mode de vie sans consommer, il devient possible d'en venir à croire que nous pouvons, nous aussi, nous rétablir. Constater que d'autres dépendants demeurent abstinents est une preuve irréfutable de l'existence d'une puissance supérieure à nous-mêmes. Nous remarquons l'acceptation dont font preuve entre eux les dépendants en rétablissement. Nous en voyons célébrer des temps d'abstinence qui nous semblent impossibles à atteindre. Quelqu'un peut nous prendre dans ses bras et nous dire : « Reviens, ça marche ». D'autres nous donnent leur numéro de téléphone. Nous ressentons la puissance du groupe et cela nous aide à panser nos blessures.

Beaucoup d'entre nous utilisent les principes spirituels comme puissance supérieure à eux-mêmes. Nous en arrivons à croire qu'en appliquant ces principes dans notre vie, la raison peut nous être rendue. Pour nous, cela a du sens, car nous avons pensé de nombreuses fois à changer notre mode de vie. Malheureusement, notre existence était rarement à la hauteur de nos bonnes intentions. Essayer une autre voie, c'est-à-dire commencer à agir en accord avec les principes spirituels aura, à la longue, un effet sur notre façon de penser.

Nous n'avons pas besoin de définir parfaitement le concept d'une puissance supérieure à nous-mêmes. Ceux d'entre nous qui ont plusieurs années de rétablissement se rendent compte que leur conception d'une puissance supérieure change avec le temps. Notre croyance grandit, de même que notre foi. Nous en venons à croire en une puissance capable de nous aider bien au-delà de ce que nous avions imaginé.

Pour comprendre ce qu'est une puissance supérieure nous pouvons, dans notre recherche, en parler avec notre parrain ou notre marraine comme avec d'autres dépendants en rétablissement. Nous pouvons leur demander quelle est leur notion d'une puissance supérieure et de quelle manière ils l'ont élaborée. Ceci peut ouvrir notre esprit à des possibilités que nous n'aurions pas prises en considération auparavant.

Interroger les autres sur leurs croyances spirituelles est d'une grande utilité, cependant nous devons garder à l'esprit que la compréhension d'une puissance supérieure à nous-mêmes reste propre à chacun d'entre nous. Les autres peuvent nous aider. Il est même possible, pour un moment, d'adopter les concepts de quelqu'un d'autre ou de croire tout simplement ce qu'ils croient mais, en fin de compte, nous devons en venir à croire par nous-mêmes. La nécessité de trouver notre propre définition de la spiritualité est par trop indispensable à notre rétablissement pour que nous négligions cette démarche à caractère spécifiquement personnel.

Pour nous, une part du processus d'en venir à croire consiste à reconnaître l'évidence. Notre dépendance nous faisait nier les vérités les plus flagrantes. Mais à présent que nous sommes en rétablissement, il nous est possible de croire ce que nous voyons. Au début, nous ouvrons notre esprit et essayons quelque chose de nouveau, croyant dans une certaine mesure que ce que nous entreprenons peut réussir. Après ces premières tentatives et à la vue des résultats, nous sommes disposés à faire plus confiance et à croire davantage. Nous découvrons que nous ne faisons plus semblant de croire. Notre croyance s'est consolidée grâce à nos expériences personnelles dont certaines sont en partie inexplicables. En effet, il se produit parfois dans notre vie de curieuses coïncidences qui n'ont aucune explication logique. Chercher une explication à ces événements ou les analyser est inutile. Il nous suffit simplement d'accepter qu'ils se produisent et d'en être reconnaissants.

Plus nous demeurons abstinents, plus il devient évident que notre dépendance est un phénomène qui dépasse la simple consommation de drogue. Une grande part de notre problème semble résider dans notre quête de quelque chose qui ferait de nous des êtres entiers. Étant donnée la nature égocentrique de notre maladie, arrêter de compter sur notre propre raisonnement et demander de l'aide ne se fait pas sans un énorme conflit intérieur. Néanmoins, notre esprit s'ouvre et, nous rendant compte que nous ne possédons pas toutes les réponses, nous commençons à acquérir un peu d'humilité. Nous pouvons ne pas encore saisir tout l'impact de ce qu'implique le fait d'être humble, mais notre ouverture d'esprit nous donne l'assurance que cette précieuse qualité est en nous et qu'elle commence à se manifester.

L'humilité et l'ouverture d'esprit nous rendent aptes à apprendre. Nous consentons à ce que les autres partagent avec nous ce qui a fonctionné pour eux. Cela requiert de l'humilité, car nous devons lâcher prise sur la peur de faire mauvaise impression. Parmi les suggestions que nous entendons, celles sur lesquelles insistent le plus nos amis dépendants, sont les suivantes : assister aux réunions, demander de l'aide, prier et travailler les étapes. Notre expérience montre que croire en une puissance supérieure nous ouvre au rétablissement dans Narcotiques Anonymes. Généralement, les gens ont tendance à agir selon leurs convictions, aussi, les nôtres, toutes nouvelles, nous invitent à vivre le programme. Peu importe la puissance supérieure que nous choisissons, nous en venons à croire que NA fonctionne. Cette conviction, nous la vivons en poursuivant notre rétablissement et en travaillant les douze étapes de notre mieux.

Malgré des années d'abstinence pendant lesquelles nous avons travaillé un programme de rétablissement et essayé de changer, il peut nous arriver de connaître des moments où la vie semble dénuée de sens. Nous pouvons nous sentir coupés des autres au point qu'il nous serait trop douloureux de continuer à nous masquer la face. Pendant ces périodes, la raison peut sembler nous échapper. Nous commençons à mettre en doute notre engagement envers le rétablissement. Des pensées autodestructrices se mettent à nous obséder. Nous avons alors peux-être envie de recourir à une solution de facilité : reprendre les comportements qui nous étaient familiers dans la maladie. En de tels moments, nous devons renouveler notre engagement envers le rétablissement. Bien que nous ne puissions en comprendre encore pleinement la portée dans notre vie, nous supposons qu'une transformation fondamentale est en train de s'effectuer en nous. Aussi pénible que cela paraisse, il est impératif de changer. Si nous sommes convaincus qu'il n'y a pas de croissance sans douleur, nous pouvons traverser plus facilement ces périodes difficiles.

Durant ces périodes, faire appel à la deuxième étape nous donne de l'espoir et nous rappelle que nous ne sommes pas seuls. Si les choses semblent aller mal, nous prenons le temps de réfléchir et de trouver des suggestions auprès de notre parrain ou de notre marraine. Nous savons qu'avec l'aide d'autres dépendants en rétablissement et d'une puissance supérieure à nous-mêmes, la raison peut nous être rendue dans tous les domaines de notre vie. Nous tirons parti de ce que nous avons appris au cours des réunions et des conseils que nous avons suivis. Nous acceptons que la vie telle qu'elle est ne peut pas toujours être à notre goût, ou tout du moins, facile à comprendre. La raison commande souvent que nous évitions de suivre notre première impulsion. Nous commençons à faire des choix qui nous sont bénéfiques et non plus dommageables. Peu importe le nombre de nos années d'abstinence, ce qui a fonctionné pour nous, au début, reste valable. Une fois de plus, nous revenons à l'essentiel de ce programme et le remettons en pratique : assister aux réunions, demander de l'aide et travailler les étapes. L'espoir est là, bien que nous nous sentions parfois désespérés : une puissance supérieure à nous-mêmes est toujours à notre disposition.

En même temps que l'espoir procuré par notre travail de la deuxième étape, nous découvrons qu'un changement radical se produit dans notre façon de penser. Le monde entier nous semble différent. Là où auparavant nous n'avions aucune raison d'espérer, nous avons maintenant tout lieu de nous attendre à une transformation spectaculaire de notre vie. Grâce à l'ouverture d'esprit, nous avons admis de nouvelles idées. Nous nous sommes éloignés du problème et rapprochés d'une solution spirituelle.

Cette solution émerge grâce à notre ouverture d'esprit et à la bonne volonté que nous mettons à croire en une puissance supérieure à nous-mêmes. Nous devons maintenant passer à la troisième étape afin d'établir une relation avec Dieu tel que nous le concevons.

# TROISIÈME ÉTAPE

*« Nous avons décidé de confier notre volonté et notre vie aux*
*soins de Dieu* tel que nous le concevions. »

Le fait d'avoir capitulé lors la première étape, celui
d'avoir vu naître un espoir et notre foi lors de la
deuxième étape, nous dispose à poursuivre avec Narcotiques Anonymes notre chemin libérateur. Dans la
troisième étape, nous mettons à l'œuvre notre croyance
en une puissance supérieure, en prenant la décision de
confier notre volonté et notre vie aux soins de Dieu tel
que nous le concevons.

Consentir avec bonne volonté à laisser ce Dieu agir
dans notre vie est essentiel au travail de la troisième
étape. Cette disposition se développe avec le temps.
La bonne volonté que nous manifestons au début de
notre rétablissement est précieuse, même si elle est
encore limitée. Beaucoup d'entre nous la croyaient totale, mais nous découvrons qu'elle grandit au fur et à
mesure que nous apprenons à placer notre confiance
en une puissance supérieure à nous-mêmes.

La décision que nous prenons dans la troisième étape
demande que nous renoncions à ce que les choses se
passent uniquement selon notre volonté. Cette attitude
qui consiste à agir selon notre volonté exclusive est
caractérisée par de la mauvaise volonté, de l'égocentrisme, un esprit fermé et une tendance à la provoca-
tion pure et simple. L'obsession égocentrique et la déraison qui l'accompagne ont rendu notre vie incontrô-
lable. Ne vouloir en faire qu'à notre tête nous a entraî-

nés dans un cycle continu de peur et de souffrances. Nous nous sommes épuisés en de vaines tentatives pour contrôler tout et tout le monde. Nous étions parfaitement incapables de laisser les événements se produire comme ils le devaient. Nous étions constamment à l'affût de moyens pour faire plier le cours des choses conformément à notre volonté.

Lorsque, pour la première fois, nous envisageons de prendre la décision que requiert cette étape, nous pouvons soudain être assaillis de doutes ou de craintes face à ce que l'on nous demande de faire. Nous pouvons nous demander pour quelle raison il faut prendre la décision de confier notre volonté et notre vie aux soins de Dieu tel que nous le concevons, ou nous inquiéter de ce qui va se passer si nous nous en remettons à ses soins. Nous pouvons craindre de ne pas apprécier ce que notre vie deviendra à la suite du travail de cette étape.

Lorsque nous sommes persuadés que poser des actes en dépit de la peur ou de l'incertitude est synonyme de croissance, nous sommes mûrs pour travailler la troisième étape. Tout en ignorant encore les transformations que le travail de cette étape produira dans notre vie, nous pouvons apprendre à faire confiance à notre puissance supérieure et croire qu'elle prendra soin de nous mieux que nous ne le pourrions. La troisième étape représente notre engagement envers notre bien-être physique, émotionnel et spirituel.

Prenant naissance dans la deuxième étape, notre croyance en une puissance supérieure peut, dans la troisième étape, se transformer en une relation plus complète avec un Dieu de notre propre conception. La décision que nous prenons en travaillant cette étape et la relation qui en résulte vont révolutionner notre existence. Cette décision est plus facile à prendre qu'à vivre. Nous pouvons facilement retomber dans nos anciens comportements. Il faut de la détermination, du temps et du courage pour changer. Comme nous ne sommes pas parfaits, nous continuons simplement à réaffirmer régulièrement notre décision, et ensuite, nous faisons de notre mieux pour l'appliquer dans notre vie. La capitulation complète et inconditionnelle de notre volonté et de notre vie est un état idéal que nous nous efforçons d'atteindre. Même si le travail de cette étape ne nous rend pas parfaits, nous changeons pourtant profondément. Nous faisons un sérieux effort pour vivre autrement que par le passé. Désormais, nous allons mettre en pratique cette décision et celle-ci va entraîner un changement radical de notre relation avec le monde qui nous entoure.

En travaillant la troisième étape, nous commençons par apprendre à ne plus lutter. Nous apprenons à lâcher prise et à faire confiance au Dieu de notre compréhension. Si nous prenons le temps de réfléchir et de demander conseil avant d'agir, nous cesserons d'être soumis à notre volonté égocentrique. Confier notre volonté et notre vie aux soins de notre puissance supérieure apporte une solution aux problèmes que crée une vie dominée par l'entêtement, le ressentiment et le contrôle.

Les principes spirituels que nous appliquons nous guideront, non seulement dans la troisième étape, mais aussi tout au long de notre rétablissement. Les trois premières étapes nous apportent une assise spirituelle solide et indispensable au travail des étapes suivantes. Nous maintenons l'état de capitulation initial en mettant activement en pratique la foi et la bonne volonté que requiert le travail de la troisième étape. En d'autres termes, nous avons admis notre impuissance et notre incapacité à maîtriser notre propre vie, et puis nous en sommes venus à croire en une puissance supérieure. Nous devons à présent nous abandonner aux soins de Dieu tel que nous le concevons.

Nous pouvons trouver la bonne volonté nécessaire au travail de la troisième étape en nous rappelant d'où nous venons et en ayant la foi que, là où nous allons, les choses seront bien différentes. Sans connaître par avance ce que cette « différence » implique, nous savons que ce qui nous adviendra sera certainement mieux que ce que nous avons connu par le passé. Nous faisons confiance à notre foi et sommes convaincus que cette décision est l'une des meilleures que nous n'ayons jamais prise.

Confier notre volonté et notre vie aux soins de Dieu tel que nous le concevons est une grande décision. Il se peut très bien que nous nous demandions comment nous allons mettre cette décision en pratique. Du fait que nos croyances personnelles en une puissance supérieure peuvent varier, il n'existe pas de manière unique de traduire notre décision par des actes. Cependant, nous avons découvert des méthodes qui peuvent être utiles pour nous permettre de parvenir à une compréhension personnelle de la troisième étape. L'une d'elles est de continuer à développer une relation personnelle avec un Dieu de notre compréhension. Une autre est de renoncer à tenter de tout contrôler autour de nous. Nous lâchons les fardeaux que nous avons portés et les confions aux soins d'une puissance supérieure. Une autre manière encore de mettre en pratique la décision de la troisième étape est de poursuivre notre rétablissement en travaillant les étapes suivantes. Notre parrain ou notre marraine nous guidera dans l'application des principes spirituels du rétablissement, en nous montrant de quelle manière nous pouvons mettre de côté notre intérêt personnel et nous orienter vers une vie plus spirituelle.

Lorsque nous sommes sur le point de prendre cette décision, nous en parlons avec notre parrain ou notre marraine, nous fréquentons les réunions portant sur les étapes et nous profitons de l'occasion pour partager sur ce sujet avec d'autres membres de NA. Nous recueillons ainsi le plus possible de connaissances, d'idées et d'expériences, puis nous prenons notre propre décision. Personne ne peut la prendre à notre place, c'est pour nous-mêmes que nous la prenons. Bien entendu, ce n'est pas une décision que nous prenons uniquement avec notre intellect, c'est plutôt un choix que nous faisons avec notre cœur, une décision fondée bien davantage sur l'émotion et le désir que sur un raisonnement délibéré. Bien que le chemin qui va de la pensée au cœur semble ardu, travailler cette étape en bonne et due forme avec notre parrain ou notre marraine ne peut que nous aider à faire nôtre cette décision.

La recherche d'un Dieu personnel représente l'une des démarches les plus importantes de notre rétablissement. Nous sommes parfaitement libres de choisir la façon de concevoir notre puissance supérieure. Chacun d'entre nous peut en trouver une qui accomplisse pour lui ce qu'il est incapable d'accomplir pour lui-même. Du fait que nous sommes impuissants devant notre dépendance, nous avons besoin de l'aide d'une puissance supérieure.

Chacun est parfaitement libre de développer sa propre conception de Dieu, tout comme il est libre de communiquer avec sa puissance supérieure selon la manière qui marche pour lui. Chaque fois que nous entrons en communication avec notre puissance supérieure, que ce soit en pensée ou à haute voix à la fin d'une réunion, nous pratiquons une forme de prière. La plupart d'entre nous demandent chaque jour à leur puissance supérieure de les guider.

La relation avec notre puissance supérieure se raffermit à mesure que nous mettons notre foi en pratique. Selon notre expérience, s'adresser à une puissance supérieure à nous-mêmes est efficace. Lorsque nous éprouvons de la difficulté dans un domaine particulier de notre vie ou que nous sentons que la rechute est proche, notre puissance supérieure peut nous aider, il suffit de le lui demander. Dans nos prières, nous demandons à notre puissance supérieure de prendre soin de nous. Chaque fois que nous agissons ainsi, nous consolidons notre foi et réaffirmons notre décision de lui faire confiance.

La troisième étape ne nous exempte pas de passer à l'action, mais elle nous libère de l'inquiétude excessive vis-à-vis des résultats. Si nous désirons quelque chose – un emploi, une formation, nous rétablir – nous devons faire l'effort pour l'obtenir. Notre puissance supérieure prendra soin de nos besoins spirituels, en revanche nous devons être les acteurs de notre propre vie. Nous ne pouvons nous contenter de nous tourner les pouces en attendant que Dieu fasse tout à notre place. Nous sommes responsables de notre rétablissement.

La vie est faite pour être vécue. Quelle que soit la sincérité de nos efforts pour « confier », nous commettrons des erreurs, nous nous égarerons et connaîtrons des moments de doute. Toutefois, chaque revers offre une occasion de renouveler notre engagement à vivre selon des principes spirituels. Une part du processus de capitulation face à la volonté de Dieu consiste à s'abandonner aux principes spirituels d'honnêteté, d'ouverture d'esprit, de bonne volonté, de confiance et de foi. Nous essayons d'accorder nos actes à ce que nous croyons être la volonté de notre puissance supérieure, et nous prenons la vie comme elle vient.

Il se peut que nous ressentions une certaine hésitation à appliquer la troisième étape dans tous les domaines de notre vie, et particulièrement sur les sujets où nous voulons encore exercer un certain contrôle. Notre expérience montre que nous avons tendance à ne pas lâcher le contrôle dans certains domaines. Nous nous disons peut-être : « Je suis parfaitement capable de maîtriser mes finances » ou « Mon couple va bien,

pourquoi le confier aux soins de ma puissance supérieure ? » Travailler la troisième étape uniquement dans
certains domaines de notre vie limite notre développement spirituel. Nous nous sommes rendus compte
qu'appliquer de notre mieux le principe de capitulation
à *tous* les domaines de notre vie était d'un grand profit
pour notre rétablissement. Nous nous efforçons d'être
minutieux dans le travail de cette étape.

La décision que nous avons prise commence à porter ses fruits. Nous commençons à nous rendre compte
de certains changements. Les situations de notre vie
peuvent ne pas avoir changé, par contre la manière dont
nous les abordons n'est plus la même. Grâce à notre
décision de laisser les principes spirituels agir dans notre
vie, nous pouvons à présent éprouver un sentiment de
soulagement. Nous sommes délivrés d'un grand poids
qui nous encombrait depuis longtemps : le besoin de
contrôler tout et tout le monde. Nous commençons à
réagir différemment devant les situations de la vie et
devant les personnes qui nous entourent. En gagnant
en acceptation, nous cessons de nous battre avec la vie
telle qu'elle est. En nous efforçant de maintenir cet état
de capitulation et de l'utiliser d'une manière constructive, nous parvenons à mieux vivre et à profiter de la
vie dans le moment présent.

Pour certains d'entre nous, la décision de confier
notre volonté et notre vie aux soins de Dieu tel que nous
le concevons, est un processus et non un événement
ponctuel. Quoi qu'il en soit, en prenant cette décision,
nous nous engageons bel et bien à mettre cette étape

en pratique dans notre vie. Lorsque nous sommes tentés de manipuler une situation, nous nous souvenons de cette décision et nous lâchons prise. Lorsque nous nous surprenons à essayer d'exercer un contrôle sur quelqu'un ou quelque chose, nous nous arrêtons et demandons plutôt à un Dieu d'amour de nous aider à travailler cette étape.

Il n'est pas facile de renoncer au contrôle, mais avec de l'aide nous pouvons y arriver. Grâce aux conseils de notre parrain ou de notre marraine et à une pratique quotidienne, nous sommes assurés d'apprendre à mettre notre ego de côté afin de laisser notre puissance supérieure agir dans notre vie. Chaque fois qu'une situation nous fait peur, nous avons la possibilité de nous tourner vers cette étape pour trouver le moyen de traverser cette peur sans avoir à recourir à nos anciennes habitudes.

Le rétablissement ne nous dispense pas de vivre de temps à autre des situations pénibles. Il se peut que nous ayons un jour à pleurer la mort d'un être cher ou à subir la fin d'une relation sentimentale. Lorsque de telles circonstances se produisent, nous souffrons et aucune révélation spirituelle ne nous enlèvera cette douleur. Toutefois, nous découvrons que la présence d'une puissance supérieure à nous-mêmes qui nous aime et se soucie de nous, nous aide à traverser cette épreuve sans consommer. Peut-être découvrons-nous aussi que notre puissance supérieure peut manifester sa présence au sein du groupe, parmi nos amis ou au long d'une conversation avec notre parrain ou notre marraine. En ayant recours à cette puissance, nous commençons à lui faire confiance et à compter sur elle. Nous cessons de demander pourquoi des choses douloureuses se produisent et acquérons l'assurance que notre rétablissement peut s'en trouver renforcé après la traversée de moments difficiles. Nous avons la possibilité de progresser en dépit ou grâce à notre souffrance.

Le rétablissement est un processus de découverte. Nous apprenons sur nous-mêmes et nous apprenons à faire face au monde qui nous entoure. Lorsque notre désir de laisser notre puissance supérieure s'occuper de nous est sincère, nous commençons à acquérir un sentiment de sérénité. Nous remarquons un changement progressif dans notre façon de penser. Notre manière d'être et nos pensées deviennent plus positives. L'apitoiement sur soi, le déni et le ressentiment ne déforment plus autant notre perception des choses. Grâce à l'honnêteté, la foi et la responsabilité, nous commençons à voir disparaître nos anciens comportements ; en conséquence, nous voyons le monde sous un jour meilleur. Notre nouvelle intégrité commence à guider notre vie. Même si nous commettons des erreurs, nous acceptons plus facilement la responsabilité de nos actes. Nous apprenons qu'il n'est pas nécessaire d'être parfaits pour vivre une vie spirituelle. Lorsque, ouverts d'esprit et de cœur, nous travaillons la troisième étape, nous découvrons que les résultats dépassent de beaucoup nos espérances.

En faisant l'expérience de ce nouveau mode de vie, nous percevons combien le rétablissement est un cadeau inestimable. Nous apprenons à faire confiance. Grâce à cela, nous ne nous fermons plus à l'intimité et développons de nouvelles relations. Alors que naguère, nous étions concentrés sur le seul fait de ne pas consommer, nous pouvons désormais savourer tout ce qui rend notre vie si précieuse. Nous goûtons les rires et la joie qui s'expriment sans retenue dans nos réunions. Comme le rétablissement prend une place plus centrale dans notre vie et que nous assimilons les principes exprimés dans les étapes, notre vision du monde change profondément. Au fur et à mesure que se développe notre conscience, notre reconnaissance s'accroît, ainsi que la foi en notre puissance supérieure.

Si nous nous arrêtons un instant à ce stade de notre rétablissement pour réfléchir au chemin parcouru, nous voyons qu'il s'est produit en nous une croissance remarquable. Le soulagement que nous éprouvons, conséquence de notre travail des trois premières étapes, n'est qu'un aperçu de la croissance que nous pourrons connaître grâce au travail des douze étapes.

Le rôle de la troisième étape prend toute son importance dans notre vie au fur et à mesure que nous travaillons les autres étapes. La onzième étape nous invite à prier pour connaître la volonté de Dieu à notre égard et pour obtenir la force de l'exécuter. La troisième étape ouvre cette démarche là ; c'est ici que commence notre recherche de la volonté de Dieu à notre égard. Quitter une vie d'égoïsme pour une vie fondée sur des principes spirituels exige de nous un changement profond.

Avec l'aide d'un Dieu d'amour, nous sommes prêts à poursuivre notre chemin. C'est un programme en douze étapes et non en trois. La décision que nous avons prise dans la troisième étape est peut-être la plus importante de notre vie, mais il faut travailler le reste des étapes afin que cette décision conserve tout son sens. Cela représente encore du travail. Nous avons pris conscience que le parcours spirituel entamé dans les douze étapes est la seule façon de nous rétablir dans Narcotiques Anonymes. Notre engagement envers le rétablissement doit se traduire par des actes, aussi nous commençons à travailler la quatrième étape.

# QUATRIÈME ÉTAPE

*« Nous avons fait un inventaire moral sans peur et approfondi de nous-mêmes. »*

Par le travail des trois premières étapes, nous avons constitué une base solide à notre rétablissement. Cependant, si nous ne construisons rien sur cette base, la rémission de la dépendance active que nous vivons actuellement ne peut guère se prolonger. En travaillant la troisième étape, beaucoup d'entre nous se sont sentis perplexes et se sont demandés comment ils pouvaient avoir la certitude de remettre réellement leur volonté et leur vie aux soins de Dieu. La réponse est simple : nous travaillons la suite des étapes en commençant par la quatrième étape.

Pourquoi travailler la quatrième étape ? Après tout, jusqu'à présent, nous avons réussi à demeurer abstinents. Cependant, certains d'entre nous sont toujours hantés par une obsession impérieuse de consommer de la drogue. D'autres sont aux prises avec un malaise plus subtil : une impression persistante que quelque chose ne va pas tout à fait, une sensation de menace ou encore des sentiments de peur et de colère qui n'ont aucune raison apparente. D'autres encore peuvent penser qu'ils se débrouillent parfaitement bien sans quatrième étape. Toutefois, notre expérience en tant que fraternité montre que les membres qui ne travaillent pas cette étape décisive rechutent tôt ou tard.

Ce qui motive beaucoup d'entre nous à travailler la quatrième étape est très simple : ils travaillent un programme de rétablissement et veulent poursuivre ce travail. Du fait que notre maladie va bien au-delà de notre consommation de drogue, le rétablissement nécessite autre chose que l'abstinence pure et simple. Dans notre cas, la solution réside en une transformation profonde de notre mode de pensée et de notre comportement. Nous devons changer notre façon de percevoir le monde et le rôle que nous avons au sein de celui-ci. Nous avons besoin de modifier notre comportement. Que nous soyons motivés par le désir de nous éloigner de la dépendance ou de nous rapprocher du rétablissement n'a pas vraiment d'importance.

La quatrième étape est un tournant décisif dans notre parcours de rétablissement. C'est un temps de profonde réflexion personnelle. L'état de confusion que nous avons essayé de masquer par les drogues et le refus de la réalité est sur le point de s'atténuer. Nous partons à la découverte de nous-mêmes, de nos émotions, de nos peurs, de nos ressentiments et des comportements caractéristiques qui composent notre vie.

Il se peut que nous ayons très peur à l'idée de nous examiner aussi minutieusement. Nous ne nous connaissons pas beaucoup, et ne sommes pas sûrs de le vouloir. À ce moment-là, notre peur de l'inconnu peut sembler insurmontable, mais si nous nous remémorons la foi et la confiance que nous ressentons vis-à-vis de notre puissance supérieure, cette peur peut être surmontée. Nous sommes certains que la volonté de Dieu à notre égard inclut le travail des étapes. Nous sommes convaincus qu'une amélioration continue de notre état d'esprit résultera de ce travail de la quatrième étape, aussi nous nous lançons dans l'entreprise.

Les principes de rétablissement que nous avions déjà commencé à appliquer sont indispensables au travail de la quatrième étape. L'acceptation sincère de notre dépendance, qui nous accompagne depuis la première étape, nous aidera à être honnêtes face à d'autres aspects de celle-ci. Nous avons acquis un degré de confiance et de foi envers une puissance supérieure à nous-mêmes, et la petite lueur d'espoir que nous avons aperçue au début brille un peu plus chaque jour où nous sommes abstinents. La bonne volonté nous a ouvert la voie du rétablissement. En vivant ces principes, nous trouvons le courage nécessaire pour travailler la quatrième étape.

L'honnêteté est un principe essentiel de cette étape. Nos années de mensonge doivent prendre fin. Prendre un peu de temps pour laisser le calme se faire en nous, nous permettra d'entrer plus facilement en contact avec la réalité. Ce que nous considérons aujourd'hui comme la vérité de notre être, nous le mettons par écrit en ne cachant rien. Exposer cette vérité est un acte de courage, et ce courage, au moment où nous devons être minutieux et sans peur, nous le puisons dans notre foi et notre confiance en Dieu tel que nous le concevons. Ainsi, nous pouvons mettre par écrit ces choses que nous ne pensions jamais dévoiler.

Que signifie « un inventaire moral sans peur et approfondi » ? Nous faisons l'inventaire de notre actif et de notre passif. Nous essayons d'aller au fond de ce que nous sommes et de révéler au grand jour les mensonges que nous nous sommes racontés sur nous-mêmes. Pendant des années, nous avons dénaturé notre personnalité afin de survivre à notre dépendance. À vivre une vie de mensonges, nous avons fini par les croire. Bien que la première étape nous ait révélé quelques précieuses vérités, la quatrième étape dissocie davantage le vrai du faux. Nous nous étions inventé un personnage, nous pouvons maintenant cesser de le jouer et trouver la liberté d'être nous-mêmes.

Si le mot « moral » nous met mal à l'aise, nous avons vu que parler de nos réticences avec notre parrain ou notre marraine améliorait les choses. Un inventaire moral ne signifie pas que nous allons nous condamner. Au contraire, l'inventaire, dans sa démarche, est une des plus belles preuves d'amour que nous pouvons nous donner. Nous examinons simplement nos instincts, nos désirs, nos motivations, nos tendances et les habitudes compulsives qui nous ont maintenus dans le piège de la dépendance. Quel que soit notre nombre de jours ou d'années d'abstinence, nous restons des êtres humains avec des défauts et des faiblesses. Un inventaire nous permet d'examiner notre nature profonde avec ses points faibles et ses forces. Nous n'examinons pas seulement nos imperfections, mais aussi nos espoirs, nos rêves, nos aspirations et cherchons à savoir comment ceux-ci ont pu être dénaturés. La quatrième étape est un grand pas sur la voie du rétablissement.

Certains d'entre nous préfèrent écrire leur inventaire d'un seul jet, d'autres lui consacrer chaque jour un peu de temps. Lorsque nous nous asseyons pour écrire, nous demandons à notre puissance supérieure de nous accorder le courage et l'honnêteté nécessaire pour être minutieux. Nous lui demandons aussi de nous révéler ce que nous recherchons. Dans la plupart des cas, nous sommes soulagés de découvrir qu'une fois que nous commençons, les mots semblent couler naturellement. Nous ne devons pas nous inquiéter de ce que nous écrivons. Notre puissance supérieure ne nous révélera pas plus que ce que nous ne pouvons supporter.

Pour la plupart, nous n'avons pas une grande expérience dans le genre d'évaluation personnelle que nous sommes sur le point d'entreprendre, et il nous est nécessaire de recevoir les conseils et le soutien de notre parrain ou de notre marraine afin de comprendre ce que nous faisons. Notre parrain ou notre marraine peut nous donner un modèle à suivre, nous proposer certains sujets ou certains points sur lesquels nous concentrer ou alors simplement nous guider de façon générale. Non seulement il ou elle peut nous guider au sujet de l'inventaire proprement dit, mais encore nous inciter à avoir du courage, nous rappeler de prier et nous soutenir sur le plan émotionnel tout au long de cette étape. La relation avec notre parrain ou notre marraine se consolide souvent dans ces moments où nous nous fions à son expérience.

Il est important de travailler notre quatrième étape d'une manière continue. Nous ne pouvons pas nous permettre d'interrompre le travail de notre inventaire. Une fois que nous avons commencé à écrire, nous devons continuer notre inventaire jusqu'à ce qu'il soit terminé. Si nous avons tendance à tout remettre au lendemain, garder chaque jour un moment pour travailler son inventaire est une bonne idée. Prendre une telle habitude permet d'accorder à celui-ci un degré de priorité élevé. Si nous mettons de côté notre quatrième étape après l'avoir commencée, nous courons le risque de ne jamais la reprendre.

Nous sommes assidus et méticuleux dans notre inventaire. Nous examinons systématiquement tous les aspects de notre vie. Nous commençons à voir et à comprendre qui nous sommes réellement, quels sont nos véritables mobiles et nos modes de fonctionnement habituels. Nous ne devons pas examiner notre vécu sous un seul angle. Pour cela, nous nous posons les questions suivantes : qu'est-ce qui m'a incité à agir de telle ou telle façon ? Quelles ont été les répercussions de mon comportement sur ma vie ? Comment ma conduite a-t-elle affecté les gens de mon entourage ? De quelle manière ai-je fait du tort aux autres ? Comment me suis-je senti face à mes actes et en voyant les réactions qu'ils provoquaient chez les autres ? Bien que ce ne soient que quelques-uns des points que nous abordons dans notre inventaire, nous découvrons que ceux-ci, ainsi que d'autres de même nature, nécessitent un examen attentif.

Dans la quatrième étape, il est important de bien regarder de quelle manière la peur a gouverné notre vie. Notre expérience nous dit que la peur issue de l'égocentrisme est à l'origine de notre maladie. Beaucoup d'entre nous ont voulu faire croire qu'ils étaient sans peur, alors qu'en fait ils en étaient remplis. Lorsque nous cherchions à nous protéger, la peur nous faisait agir de manière irréfléchie ou, à l'inverse, nous paralysait. La peur de l'avenir nous amenait à recourir aux intrigues et à la manipulation. Celle de manquer du nécessaire, de perdre quelque chose ou de voir survenir un désastre nous poussait à des extrêmes pour en être préservés. Dans le passé, nous n'imaginions pas qu'une puissance supérieure pouvait prendre soin de nous ; par conséquent nous tentions de contrôler notre vie et tout ce qui nous entourait. Nous nous servions des gens, nous utilisions la manipulation, le mensonge, nous complotions et tramions des plans fumeux, nous volions, trichions et mentions encore davantage pour dissimuler le tout. Nous éprouvions de l'envie, de la jalousie et une insécurité viscérale. Nous étions seuls. Au fur et à mesure que nous faisions fuir les personnes qui se souciaient de nous, nous augmentions notre consommation de drogue pour ne plus sentir ce que nous ressentions. Plus nous nous sentions seuls, plus nous essayions de contrôler tout et tout le monde. Nous souffrions lorsque les choses n'allaient pas dans notre sens, mais notre désir de pouvoir et de contrôle était si fort que nous étions incapables de voir la futilité de nos efforts pour diriger les événements. Dans notre nouvelle vie, nous avons foi en un Dieu d'amour dont la volonté à notre égard offre davantage que ce que nous pourrions obtenir par la manipulation ou le contrôle. Nous n'avons pas à craindre ce qui pourrait arriver.

Dans notre inventaire, nous évaluons les conséquences émotionnelles de notre dépendance. Certains d'entre nous étaient devenus, à l'aide de la drogue ou d'autres dérivatifs, tellement habiles à se couper de leurs sentiments qu'au moment d'arriver à leur première réunion, ils n'étaient plus en contact avec leurs propres émotions. En rétablissement, nous apprenons à identifier ce que nous ressentons. Nommer nos sentiments est important, car lorsque nous y parvenons, nous pouvons commencer à composer avec eux. Plutôt que de paniquer devant ce que nous ressentons, nous avons les mots pour le dire. Cela nous libère de la façon simpliste que nous avions d'identifier nos sentiments comme étant « bons » ou « mauvais », sans grande nuance entre les deux.

Nous dressons une liste de nos ressentiments, car ils sont souvent une cause d'inconfort dans notre rétablissement. Nous ne pouvons pas nous permettre d'éprouver de façon obsessionnelle de l'animosité envers les autres. Nous regardons ce qui dans la société et ses institutions a pu nous affecter : notre famille, l'école, nos employeurs, la religion, la justice ou la prison. Nous énumérons les personnes, les endroits, les institutions, les situations et les valeurs sociales contre lesquels nous sommes en colère. Nous n'examinons pas seulement les circonstances entourant ces ressentiments, mais

considérons aussi le rôle que nous avons joué. Qu'est-
ce qui, en nous, était si menacé pour que nous en ayons
éprouvé un tourment émotionnel si profond ? Souvent
nous remarquerons que les mêmes domaines de notre
vie ont été affectés maintes et maintes fois.

Nous examinons aussi nos relations, particulièrement
celles que nous entretenions avec notre famille. Nous
ne faisons pas cela dans le but de lui faire porter la responsabilité de notre dépendance. Nous ne perdons pas
de vue que nous faisons par écrit un inventaire de nous-
mêmes et non des autres. Nous écrivons ce que nous
avons ressenti à l'égard de notre famille et de quelle
manière nous avons agi sous l'emprise de nos émotions.
Dans la plupart des cas, nous découvrirons que les
modes de comportements que nous avons très tôt
adoptés dans la vie nous ont accompagnés jusqu'ici.
Certains comportements, certains choix nous ont été
bien utiles tandis que d'autres ne l'ont pas été. Durant
l'inventaire, nous cherchons à identifier ceux que nous
voulons conserver et ceux que nous voulons modifier.

Il est très important d'écrire sur toutes nos relations
et nous porterons une attention particulière à nos amitiés. Si nous omettons l'examen de nos amitiés plato-
niques pour nous concentrer uniquement sur les relations amoureuses, notre inventaire sera incomplet. En
raison de conflits intérieurs, beaucoup d'entre nous
arrivent à NA sans jamais avoir connu une amitié de
longue durée. Ces conflits étaient souvent la véritable
cause des disputes que nous déclenchions avec nos
amis, ainsi que la raison pour laquelle nous refusions

de vouloir régler le désaccord et poursuivre notre amitié. Certains d'entre nous avaient le sentiment qu'une amitié intime quelle qu'elle soit finirait par les faire souffrir, aussi la finissaient-ils avant que cela ne puisse arriver. Nous avons pu redouter l'intimité au point de ne jamais rien révéler de nous-mêmes à nos amis. Nous avons pu provoquer de la culpabilité chez nos amis pour nous assurer leur fidélité, ou encore nous livrer à d'autres formes de chantage émotionnel. Si nos amis en fréquentaient d'autres, il nous arrivait parfois de sentir tellement de jalousie et d'insécurité que nous tentions de briser ces amitiés qui constituaient une menace pour nous. Notre comportement oscillait entre exiger l'exclusivité d'une amitié et la tenir pour acquise. De plus, nous risquons aussi de tomber sur des situations où nous avons sacrifié des amitiés pour privilégier une relation amoureuse.

Nous trouverons probablement les mêmes comportements et conflits dans nos relations amoureuses. Nous verrons se répéter les mêmes difficultés dans le domaine de la confiance, du refus d'être vulnérable et nous remarquerons peut-être une éternelle tendance à ne pas pouvoir s'engager. En écrivant, nous verrons très certainement combien la peur de l'intimité était présente au sein de chacune de nos relations, ou bien nous découvrirons que nous n'avons jamais compris la différence qui existe entre l'intimité et les relations sexuelles. Que, par peur, nous ayons fui les relations intimes ou qu'à maintes reprises celles-ci nous aient blessés, nous devons cerner les traits communs qui reviennent dans toutes nos relations.

Il se peut que nous constations que nos comportements sexuels et nos croyances à ce sujet ont été la cause de difficultés dans nos relations. Là où nous souhaitions réellement de l'amour, nous nous sommes peut-être contentés de rapports sexuels. Nous nous sommes peut-être servis du sexe pour obtenir ce que nous désirions, ou avons cru qu'en ayant des rapports sexuels nous pourrions forcer l'engagement d'un partenaire réticent. Nous nous interrogeons pour savoir si notre comportement sexuel a été fondé sur l'égoïsme ou sur l'amour. Nous avons pu utiliser le sexe pour combler le vide spirituel que nous ressentions en nous. Certains ont éprouvé de la honte à la suite de leurs pratiques sexuelles. Après des années de fonctionnement compulsif induit par nos peurs et nos croyances erronées à propos des rapports sexuels, nous souhaitons être en paix avec notre propre sexualité. Pour la plupart d'entre nous, le sujet est très embarrassant. Toutefois, si nous voulons vivre autre chose que ce que nous avons connu auparavant, il est nécessaire que nous écrivions sur ce sujet afin d'amorcer un changement.

Certains d'entre nous ont été maltraités. Ils ont pu être victimes d'inceste ou de viol. Ils ont pu connaître une enfance effroyable faite de privations et d'abandon. Vivre de telles choses a pu les pousser à infliger à d'autres un traitement identique. Certains encore ont pu se prostituer ou bien subir d'autres formes d'avilissement parce qu'ils avaient l'impression de ne pouvoir mériter mieux. Aussi pénible et triste que soit ce passé, on ne peut le modifier. Par contre, les fausses idées que nous nous sommes faites à propos de nous-mêmes et des autres *peuvent* être modifiées grâce à l'aide de notre puissance supérieure. Afin de pouvoir nous libérer de nos secrets les plus douloureux et progresser, nous écrivons sur des événements tels que ceux mentionnés plus haut. Nous n'avons pas à demeurer les victimes de notre passé pour le restant de nos jours.

Afin de connaître la sérénité, nous devons commencer à changer les modes de comportements autodestructeurs qui ont prévalu dans notre vie. La quatrième étape nous aide à les identifier. Nous commençons à voir de quelle manière nous avons manœuvré à travers la vie sans être nécessairement conscients de préparer notre propre malheur, mais en faisant des choix aboutissant à la perte de la maîtrise de notre vie. La plupart d'entre nous, à un moment donné, ont accusé diverses personnes d'être responsables du lourd tribut que la dépendance leur faisait payer pour éviter d'admettre que leur dépendance entraînait des effets néfastes dont ils étaient les seuls responsables. Certains commettaient des délits et se plaignaient ensuite des conséquences. D'autres encore faisaient preuve d'irresponsabilité dans leur travail et protestaient vigoureusement lorsqu'ils devaient en répondre. Nous battions en retraite à la hâte chaque fois que la vie nous rattrapait. Notre inventaire permettra d'identifier notre part de responsabilité dans nos actes et de découvrir dans quelles circonstances nous avons eu tendance à en rejeter la responsabilité sur autrui. La brochure intitulée *Travailler la quatrième étape dans Narcotiques Anonymes* fournit un choix plus important de voies à explorer.

La qualité de notre vie dépend en grande partie des résultats de nos décisions. En écrivant notre inventaire, nous recherchons les cas où nous avons pris des décisions néfastes. Nous recherchons aussi ceux où nous avons pris des décisions bénéfiques. Si nous avons vécu notre vie par défaut, en refusant de faire des choix, nous écrivons aussi à ce sujet. Les moments où nous avons remis les choses au lendemain jusqu'à laisser passer les occasions, les fois où nous n'avons pas assumé nos responsabilités, celles où nous avons plié bagages et refusé de prendre part à la vie – tout cela est matière à inventaire. Nous avons, pour la plupart, formulé des espoirs, échafaudé des rêves à un moment donné de notre vie, mais nous y avons renoncé pour satisfaire notre dépendance. Dans notre inventaire, nous essayons de nous souvenir de nos rêves perdus et de découvrir comment les choix que nous avons faits ont ruiné nos chances de les réaliser. Nous cherchons à savoir à quel moment nous avons cessé de croire en nous-mêmes et à quel autre nous avons cessé de croire en tout ce qui ne vient pas de nous-mêmes. Grâce à ce processus, nos rêves perdus peuvent reprendre vie.

Nous fouillons dans ce qu'il y a de plus profond en nous pour savoir comment nous avons réussi à vivre à l'encontre de nos valeurs personnelles. Si nous pensions qu'il était mal de voler et que malgré cela nous volions tout ce qui était à portée de notre main, que faisons-nous pour calmer notre malaise ? Si nous étions partisans de la monogamie tout en étant infidèles à notre partenaire, quelles compromissions faisions-nous avec nos principes pour vivre dans une telle situation ? Nous augmentions certainement notre consommation de drogue, mais quoi encore ? Nous explorons ce que nous avons ressenti lorsque nous avons ignoré nos valeurs les plus fondamentales. Par ce processus, nous redécouvrons nos véritables valeurs afin de les faire renaître.

Dans notre inventaire, nous devrons être conscients de nos atouts. Comme, pour la plupart, nous ne sommes pas habitués à rechercher nos forces de caractère, nous pouvons rencontrer quelques problèmes dans cette tâche. Cependant, si nous examinons notre conduite avec ouverture d'esprit, nous sommes certains de trouver des situations où, face à l'adversité, nous avons montré de la persévérance, un certain souci des autres, ou bien des situations où notre force d'âme l'a emporté sur notre dépendance. À rechercher nos qualités de caractère, nous commençons à découvrir la bonté qui réside au cœur de notre être. Nous commençons à définir nos valeurs. Nous apprenons ce que nous devons faire et plus important encore, ce que nous ne devons pas faire si nous voulons mener une vie productive et profondément satisfaisante. La manière dont nous agissions durant notre dépendance active ne fonctionnera pas pour nous dans le rétablissement. La quatrième étape nous permet de donner une nouvelle direction à notre vie.

La quatrième étape nous apporte l'introspection nécessaire à notre croissance. Que ce soit le premier ou le vingtième inventaire que nous écrivions, nous entamons un processus qui nous fait passer de la confusion à la clarté, du ressentiment au pardon, de l'enfermement spirituel à une spiritualité libre. Nous pouvons entreprendre cette démarche maintes et maintes fois. Lorsque nous sommes dans une certaine confusion, lorsque nous sommes en colère, lorsque nous avons des problèmes qui ne veulent pas disparaître, un inventaire est une bonne façon de faire le point pour savoir où nous en sommes précisément sur la voie du rétablissement. Après avoir écrit un certain nombre d'inventaires, nous découvrirons peut-être que notre première quatrième étape n'a fait que gratter la surface. Comme certains comportements ne se révèlent qu'après un certain temps d'abstinence, il nous semblera évident, afin de poursuivre ce processus de changement, de travailler à nouveau la quatrième étape.

Les étapes sont des outils que nous utilisons à maintes reprises dans notre progression spirituelle. Au cours de notre rétablissement, Dieu nous en révèle davantage à mesure que nous vient la maturité et la force spirituelle pour pouvoir le comprendre. Avec le temps, la nature du travail que nous devons effectuer nous apparaîtra clairement. Tandis que nous poursuivons notre rétablissement, nous commençons à résoudre certains conflits fondamentaux qui nourrissent notre dépendance. À mesure que s'estompe la souffrance provenant d'anciennes blessures, nous commençons à vivre encore plus dans le présent.

La quatrième étape nous permet d'identifier les habitudes, les comportements et les croyances qui nous
font voir la nature exacte de nos torts. Nous avons écrit
un inventaire de nous-mêmes qui a révélé ce que nous
pouvions modifier grâce à l'aide de Dieu. Pour continuer
à changer, nous poursuivons notre démarche en passant à la cinquième étape.

# CINQUIÈME ÉTAPE

*« Nous avons avoué à Dieu, à nous-mêmes et à un autre être humain la nature exacte de nos torts. »*

À présent que nous avons terminé notre inventaire écrit, il est indispensable que nous le partagions rapidement. Plus tôt nous travaillons notre cinquième étape, plus ferme est la base de notre rétablissement. Nous avons construit cette base sur des principes spirituels tels que la capitulation, l'honnêteté, la confiance ainsi que la foi, la bonne volonté et le courage ; à chaque étape de notre rétablissement, nous renforçons notre engagement envers ces principes. Quant à notre engagement vis-à-vis du rétablissement, nous le réaffirmons en travaillant immédiatement la cinquième étape.

Malgré notre désir de nous rétablir, il se peut ici que nous ressentions une certaine frayeur. Cette peur est toute naturelle. Après tout, nous sommes sur le point de faire face à la nature exacte de nos torts, car nous allons avouer avec franchise nos secrets à Dieu, à nous-mêmes et à un autre être humain. Si nous laissons la honte ou la peur du changement et du rejet arrêter là notre progression, nous ne ferons qu'aggraver nos problèmes. Si nous cessons d'avancer dans notre rétablissement et de faire tous les efforts possibles pour nous rétablir, nous laisserons le champ libre à la maladie de la dépendance.

Nous devons surmonter notre peur et travailler la cinquième étape si nous voulons entreprendre des changements significatifs dans notre mode de vie. Nous rassemblons notre courage et nous nous lançons. Nous pouvons appeler notre parrain ou notre marraine pour être rassurés. En général, le fait que quelqu'un nous rappelle que nous ne sommes pas obligés d'affronter seuls ce que nous ressentons contribue à atténuer nos peurs. Travailler cette étape avec le soutien de notre parrain ou de notre marraine et d'un Dieu d'amour, concrétise la décision que nous avons prise de laisser Dieu prendre soin de notre volonté et de notre vie. Cette décision, comme la plupart de celles que nous prenons, doit être suivie d'actes. Faire suivre la décision prise lors de notre troisième étape par les actes que constituent la quatrième et la cinquième étapes, nous amènera à nouer une relation plus intime avec notre puissance supérieure.

En travaillant la cinquième étape, nous allons approfondir notre compréhension des principes spirituels que nous avons appliqués au cours des quatre premières étapes. Comme à la première étape, nous faisons ici acte d'honnêteté en admettant la nature exacte de nos torts, mais à un niveau plus profond. Admettre cela à propos de nous-mêmes, comme nous nous apprêtons à le faire dans la cinquième est très important. Non seulement nous nous ouvrons et nous révélons qui nous sommes véritablement, mais de plus nous nous entendons l'exprimer par notre propre bouche. Nous brisons en cela l'habitude de déni qui, depuis si longtemps, causait en nous tant de problèmes. Lorsque nous affrontons les conséquences de notre dépendance et que nous regardons la réalité de notre vie, nous touchons un nouveau degré d'honnêteté, plus particulièrement l'honnêteté envers soi. Les risques que nous prenons dans cette étape renforcent notre confiance en Dieu, ils nourrissent la foi et l'espoir que nous avons découverts dans la deuxième étape. Nous faisons davantage preuve de notre bonne volonté et nous renouvelons ainsi la décision que nous avons prise dans la troisième étape. Nous utilisons le courage que nous a donné la quatrième étape et nous découvrons que nous en avons davantage que nous ne l'aurions cru. Ce courage ne s'exprime pas par une absence de peur de notre part, mais par les actes que nous posons en dépit de celle-ci. Nous fixons un rendez-vous pour partager notre inventaire, puis nous nous y rendons et le partageons au moment prévu.

Un autre acte qui exige du courage est celui d'admettre ces réalités à nous-mêmes. Nous devons porter une attention particulière à cet aspect de la cinquième étape. Si nous ne le faisons pas, nous nous apercevrons que les avantages que nous avons tirés de cette étape ne sont pas aussi importants qu'ils auraient pu l'être. Comme l'énonce notre « Texte de base » : « La cinquième étape n'est pas simplement une lecture de notre quatrième étape ». Nous devons nous assurer que nous reconnaissons et acceptons la nature exacte de nos torts. Si nous pensons que cela facilitera les choses, nous pouvons même donner un caractère plus formel à cette démarche. Toutefois, la manière dont nous le faisons n'a pas autant d'importance que l'acte en lui-même. En travaillant cette étape, nous acquérons une nouvelle conception de l'humilité. Lorsque nous consommions, nous avions certainement, d'une manière ou d'une autre, l'impression d'être plus d'importants ou plus visibles que les autres. Par notre travail de la cinquième étape, nous découvrons que peu de nos actes méritent une attention exagérée. En nous dévoilant, nous nous sentons faire partie du genre humain, et cela peut-être pour la première fois de notre vie.

En partageant nos sentiments les plus personnels et nos secrets les plus soigneusement gardés, nous sommes susceptibles d'éprouver de l'angoisse. Cependant, beaucoup d'entre nous aperçoivent l'amour inconditionnel dans le regard de la personne qui écoute leur cinquième étape. Les sentiments d'acceptation et d'appartenance que nous éprouvons à ce moment-là, nous permettent de sentir que nous appartenons à ce programme.

Savoir que nous allons devoir faire face à des sentiments que nous avons longtemps refoulés, peut accroître notre anxiété, mais nous continuons, sur les encouragements de notre parrain ou de notre marraine, à faire confiance au Dieu que nous concevons. Une chose primordiale qu'il faut savoir est que la cinquième étape n'est pas le remède miracle à la douleur des sentiments. Si nous travaillons cette étape en pensant que ceux-ci vont disparaître, c'est que nous nous attendons à ce que les étapes nous engourdissent comme le faisaient les drogues. Nous revoyons nos quatre premières étapes et remarquons que leur but est d'éveiller notre esprit et non d'endormir nos émotions. Nous aurons besoin de soutien et de compréhension pour faire face à nos émotions. Si nous choisissons quelqu'un de compréhensif pour écouter notre cinquième étape, nous obtiendrons tout le soutien dont nous avons besoin.

Bien qu'il n'existe aucune règle stipulant que l'auditeur ou l'auditrice sera notre parrain ou notre marraine, la plupart d'entre nous choisissent de partager leur inventaire avec eux. Ce faisant, nous profiterons ainsi de l'expérience plus complète que possède un autre dépendant en rétablissement. Après tout, qui d'autre que celui qui est passé par-là, peut mieux comprendre ce que nous tentons de faire ? Un dépendant possédant une plus grande expérience de rétablissement aura déjà travaillé ces questions que nous sommes sur le point d'aborder. Cette personne est donc tout indiqué pour partager avec nous cette expérience et les solutions qu'elle a découvertes en travaillant cette étape. Le lien que nous partageons avec notre parrain ou notre marraine renforcera notre rapport avec le programme et accentuera notre sentiment d'appartenance.

Il est préférable que la personne susceptible d'écouter notre cinquième étape comprenne la démarche de rétablissement que nous entreprenons et soit disposée à nous aider. Nous nous sommes aperçus que la personne idéale pour écouter, doit posséder suffisamment de compassion pour accueillir nos sentiments, assez d'intégrité pour respecter nos confidences et suffisamment de connaissance sur la question pour nous aider à ne pas perdre de vue la nature exacte de nos torts. Elle sait que l'inventaire que nous partageons est le *nôtre* et elle nous permettra d'éviter de nous en écarter toutes les fois que nous sommes tentés d'accuser les autres à propos de certaines choses que nous avons inscrites dans notre quatrième étape.

Bien que nous sachions d'avance combien bénéfique sera pour nous le travail de cette étape, il est possible que nous souhaitions, un instant, réaffirmer notre capitulation ainsi que la décision prise dans la troisième étape. Nous pouvons demander à notre Puissance supérieure de nous accorder l'honnêteté, le courage et la bonne volonté afin de travailler cette étape. Pour convoquer la présence de Dieu dans cette démarche, nous pouvons avoir envie de faire une prière. Tout ce qui réaffirme notre engagement envers le rétablissement, peut être considéré comme une prière. Prier avec la personne qui écoute notre cinquième étape peut être une expérience profondément intime.

Non seulement nous prions pour demander force et courage, mais une grande partie d'entre nous demandent à leur puissance supérieure d'écouter cette étape. Pourquoi admettre à Dieu a t-il tant d'importance ? Cela tient au fait qu'il s'agit d'un programme spirituel, et notre objectif primordial est de nous éveiller spirituellement. La bonne volonté qu'il nous faut avoir pour nous montrer à notre puissance supérieure sans cacher notre passé et tels que nous sommes, est le cœur même de notre rétablissement. Dans le passé, certains d'entre nous pensaient qu'ils n'étaient pas dignes d'une relation avec Dieu. Les secrets entravaient leur capacité à ressentir l'acceptation ou l'amour de cette puissance. Quand nous révélons un peu de nous-mêmes, nous nous rapprochons un peu plus de notre puissance supérieure, nous bénéficions de son amour inconditionnel et de son acceptation. Quoi que nous ayons fait, le sentiment d'être acceptés par Dieu tel que nous le concevons, accroît notre acceptation de nous-mêmes. La relation positive que nous construisons avec une puissance supérieure rejaillit aussi bien dans nos relations avec les autres.

Pendant le partage de notre inventaire, nous serons peut-être surpris de l'intensité de la relation qui se développe entre nous et notre parrain ou marraine. Si personne ne nous a jamais réellement écoutés auparavant, nous pouvons nous étonner qu'il ou elle nous pose des questions sur un point précis de notre histoire personnelle, ou prenne des notes pendant que nous partageons. Notre sentiment d'estime envers nous-mêmes grandit en nous rendant compte que ce que nous partageons suscite une attention aussi soutenue. Nous pouvons remarquer, dans les yeux de notre auditeur ou de notre auditrice, une profonde compassion qui témoigne de sa compréhension pour notre souffrance. Cette compassion est une preuve supplémentaire de la présence d'une puissance supérieure à nous-mêmes.

Examiner et partager la *nature exacte* de nos torts risque fort de ne pas être une activité agréable. En regardant en arrière, nous avons vu comment la répétition des mêmes modes de comportements nous a souvent bloqués au même endroit. Et puis, nous n'en sommes pas restés aux comportements, nous avons aussi examiné les défauts de caractère qui, tout au long, se cachaient derrière eux. Nous commençons à comprendre qu'il existe une différence entre nos actes et la nature exacte de nos torts. Prenons le cas où nous examinons, exemple après exemple, des situations au cours desquelles de vaines tentatives pour nous faire aimer de tout le monde nous ont amenés à mentir. De tels exemples ne représentent pas la nature de nos torts. Ici, la nature en est le manque d'honnêteté et la manipulation qui revenaient chaque fois que nous mentions. Au-delà de ce manque d'honnêteté et de cette manipulation, nous découvrirons très probablement que nous craignions de n'être aimés de personne si nous disions la vérité.

En partageant notre inventaire, notre parrain ou notre marraine partagera un peu de son expérience avec nous. Notre parrain ou notre marraine peut pleurer avec nous ou sourire en se reconnaissant dans certains des points qui nous posent problème. Nous pouvons rire ensemble en partageant certains des aspects les plus drôles de notre dépendance et les mensonges ridicules que nous nous sommes racontés afin de pouvoir continuer à vivre comme nous vivions. En remarquant combien nos sentiments sont semblables à ceux de notre parrain ou de notre marraine, nous voyons que d'autres personnes sont comme nous. Nous sommes des êtres humains, ni plus ni moins. Cela a été occulté par l'obsession de soi qui nous donnait l'impression d'être uniques. Soudain, nous comprenons que d'autres personnes ont aussi des problèmes douloureux et que les nôtres n'ont pas plus d'importance que ceux des autres. Une amélioration de notre esprit est à même de se produire lorsque nous nous apercevons au travers du regard d'un autre. À ce moment, nous ressentons de l'humilité, ainsi qu'une raison d'espérer que la sérénité et la paix que nous cherchions à obtenir sont enfin à notre portée.

Notre impression de nous sentir à part s'estompe grâce au contact émotionnel qui se crée à ce moment-là. Nous ne nous étions encore jamais ouverts aussi profondément à un autre être humain. C'est peut-être la première fois que nous faisons confiance à quelqu'un d'autre au point de lui parler de nous-mêmes et de lui permettre d'arriver à nous connaître. L'intimité qui se développe entre notre parrain ou notre marraine et nous peut nous surprendre. Nous nouons un lien fondé sur l'égalité et le respect mutuel qui peut durer toute une vie.

Après avoir travaillé notre cinquième étape, nous nous sentirons peut-être un peu à vif ou émotionnellement vulnérables. Nous avons fait un grand pas dans le processus réparateur du rétablissement. Ce processus peut être comparé à « une chirurgie de l'esprit ». Nous avons rouvert d'anciennes blessures, nous avons révélé le leurre que représentaient nos mensonges les mieux élaborés et nous nous sommes avoués quelques pénibles vérités. Nous avons laissé tomber nos masques en présence de quelqu'un d'autre.

Nous pouvons alors éprouver une dangereuse envie de refuser ces vérités dont nous sommes à présent conscients et de retourner aux souffrances familières du passé. Peut-être sommes-nous tentés d'éviter notre parrain ou notre marraine du fait qu'aujourd'hui, il ou elle sait tout de nous. Il est important que nous résistions à de telles impulsions. C'est alors qu'il faut parler de nos peurs et de nos sentiments avec d'autres dépendants en rétablissement afin d'écouter l'expérience qu'ils ont à partager. Nous découvrirons que ce que nous traversons n'est pas unique et nous nous sentirons soulagés d'entendre d'autres nous dire qu'ils ont dû surmonter exactement les mêmes difficultés à la suite de leur cinquième étape.

La prise de conscience de nos modes de fonctionnement face aux autres, additionnée au risque que nous venons de prendre en les admettant à quelqu'un d'autre, entraîne un progrès majeur dans nos relations. Le lien étroit formé avec notre parrain ou notre marraine et le risque pris en lui faisant confiance, faciliteront le développement de nos relations intimes avec les autres. Nous avons osé confier à une personne nos secrets et nos sentiments et nous n'avons pas été rejetés. Nous commençons à sentir la liberté de pouvoir faire confiance aux autres. Non seulement nous nous rendons compte que les autres sont dignes de confiance et méritent notre amitié, mais encore nous découvrons que nous aussi sommes dignes de confiance et méritons la leur. Nous avons pu imaginer que nous étions incapables d'aimer, d'être aimés ou d'avoir des amis. Nous nous apercevons que ces croyances étaient sans fondement. Notre relation avec notre parrain ou notre marraine nous enseigne à faire preuve de plus de sollicitude envers nos amis.

Nos relations ainsi que celle que nous avons avec Dieu tel que nous le concevons commencent à changer après cette étape. Tout au long de la cinquième étape, nous nous sommes tournés vers cette puissance lorsque nous avions peur, et avons reçu le courage nécessaire pour la terminer. Par conséquent, notre croyance et notre foi ont grandi. Grâce à cela, nous sommes disposés à donner le meilleur de nous-mêmes dans la construction d'une relation avec notre Dieu. Comme toute autre relation, celle qui se développe avec notre puissance supérieure exige de nous de la confiance et une certaine ouverture. Lorsque nous partageons nos pensées et nos sentiments les plus personnels avec notre puissance supérieure, lorsque nous laissons tomber nos défenses et avouons que nous sommes loin d'être parfaits, une intimité se crée. Nous renforçons notre certitude que notre puissance supérieure est toujours avec nous et qu'elle prend soin de nous.

La démarche que nous avons entreprise jusque là nous a rendus conscients de la *nature exacte* de nos torts. La nature exacte de ces torts réside dans nos défauts de caractère. Nous savons maintenant que nos modes de fonctionnements tiraient leur origine du mensonge, de la peur, de l'égoïsme et de nombreux autres défauts de caractère. Nous avons vu toute la gamme de nos défauts et sommes prêts à entreprendre quelque chose de nouveau. Dans cette disposition, nous passons à la sixième étape.

# SIXIÈME ÉTAPE

*« Nous avons pleinement consenti à ce que Dieu élimine tous
ces défauts de caractère. »*

La révélation au cours de la cinquième étape de la
nature exacte de nos torts, quoique précieuse, ne représente que le début des changements surprenants qui
vont intervenir dans notre vie lorsque nous passons à
la sixième étape. Il est nécessaire d'admettre la nature
des torts qui découlent de nos défauts de caractère, si
nous voulons être prêts à ce qu'ils nous soient enlevés.
Encore sous le choc de la découverte du rôle que nous
avons joué dans le passé, il est normal d'en arriver à
souhaiter une modification profonde de nos attitudes.

Si les sixième et septième étapes ne semblent pas aux
yeux de certains d'entre nous d'une importance capitale, celles-ci n'en constituent pas moins un acte essentiel à accomplir si nous comptons effectuer des
changements significatifs et durables dans notre vie. Il
ne s'agit pas de se contenter de dire : « Oui, je suis prêt !
Dieu, je t'en prie, enlève-moi mes défauts » et passer
ensuite à la huitième étape. Si nous survolons les
sixième et septième étapes pour passer directement aux
amendes honorables, leur nombre se sera multiplié à
force de répéter nos anciens schémas destructeurs.

La sixième étape dure toute une vie : c'est un processus, et il ne prend jamais fin. Nous venons de l'entamer, mais toute notre vie nous nous efforcerons de
l'approfondir. Notre travail consiste à devenir tout à fait

prêts, et à ouvrir notre cœur et notre esprit aux profonds changements intérieurs qui ne peuvent s'opérer que par la présence d'un Dieu d'amour.

Dans la troisième étape, nous avons déjà fait l'expérience de quelque chose que nous nous apprêtons à refaire au cours de la sixième étape : nous avons confié notre volonté et notre vie aux soins d'une puissance supérieure à nous-mêmes, nous étant rendus compte que nous étions incapables d'être maîtres de notre propre vie. Maintenant nous nous préparons à remettre nos défauts de caractère entre les mains d'un Dieu d'amour, nos tentatives pour changer par nous-mêmes s'étant jusqu'ici soldées par un échec. Cette démarche est difficile et souvent pénible.

La conscience accrue de nos défauts provoque souvent en nous de la souffrance. Nous avons tous entendu l'expression « bienheureux les ignorants ». Seulement à présent, nous n'ignorons plus nos défauts de caractère et cette prise de conscience est douloureuse. Il se peut que soudain nous remarquions le regard d'un ami blessé par l'un de nos traits de caractère les moins sympathiques. De honte, nous baissons la tête, nous marmonnons des excuses, et bien souvent nous nous fustigeons intérieurement pour avoir fait preuve, une nouvelle fois, d'un grand manque d'égard. Nous sommes malades de voir la manière désastreuse dont nos actes affectent notre entourage. Nous en avons assez d'être celui ou celle que nous avons toujours été, mais c'est précisément cette lassitude qui nous pousse à changer et à grandir. Nous voulons être différents de ce que nous avons été dans le passé, et la bonne nouvelle est que nous le sommes déjà. Être en mesure de voir au-delà de nos propres intérêts et se soucier des sentiments des autres, constituent des changements frappants, compte tenu de l'obsession de nous-mêmes, toujours envahissante, qui est au cœur de notre maladie.

Il est probable que nous soyons très contrariés de voir combien nos défauts entravent notre rétablissement. Nous pouvons essayer de les faire disparaître en niant leur existence ou en les cachant aux autres. Nous pouvons penser que, si personne ne les voit, nos traits de caractère les plus déplaisants s'en iront. Ce que nous devons faire, au lieu d'essayer de dominer ou de contrôler nos défauts, c'est nous mettre en retrait et laisser un Dieu d'amour agir dans notre vie. Cela implique, pour une part, que nous devenions responsables de notre conduite.

Lorsque nous prenons conscience de nos défauts de caractère, que ces défauts aient été identifiés par nous-mêmes ou par une personne que nous avons blessée, nous commençons par prendre l'entière responsabilité de nos actes. Nous n'esquivons pas cette responsabilité en déclarant quelque chose comme : « Eh bien, Dieu ne m'a pas encore enlevé ce défaut » ou « Je suis impuissant devant mes défauts, qu'y puis-je ? ». Nous acceptons la responsabilité de notre conduite – que celle-ci soit bonne, mauvaise ou indifférente. La consommation ou l'ignorance ne peuvent plus nous servir d'excuses pour agir de façon irresponsable.

Lorsque nous admettons honnêtement nos torts, nous découvrons ce qu'est l'humilité. L'humilité dont nous avons fait preuve dans la cinquième étape se développe à mesure que nous nous sentons exister en tant qu'êtres humains et que nous prenons conscience que nous ne serons jamais parfaits. Nous nous acceptons un tout petit peu mieux, nous capitulons, et la bonne volonté que nous mettons pour changer augmente considérablement. De remarquables transformations se sont produites en nous sur le plan émotionnel et spirituel, grâce aux efforts soutenus que nous avons fournis pour vivre selon les principes contenus dans les étapes précédentes. Malgré notre peu de familiarité avec le domaine spirituel, nous devons nous rappeler que, de la première à la troisième étape, nous avons acquis les outils de base dont nous avions besoin pour nous engager sur la voie du rétablissement. Nous portons en nous l'honnêteté qui nous a été utile lors de notre capitulation initiale, nous portons aussi la foi et l'espoir nés du moment où nous en sommes venus à croire en une puissance supérieure à nous-mêmes. Enfin nous portons la confiance et la bonne volonté que nous avait demandées la décision de confier notre volonté et notre vie aux soins de Dieu. L'humilité nécessaire pour croire en cette puissance avait, quant à elle, touché notre cœur.

Sur cette base spirituelle, en travaillant la sixième étape, nous posons les principes d'engagement et de persévérance. Nous engager à poursuivre notre rétablissement, malgré la présence constante de défauts de caractère dans notre vie, nécessite de la bonne volonté. Nous ne devons pas abandonner, même lorsque nous pensons qu'aucun changement n'est intervenu. Nous sommes souvent aveugles à nos propres changements intérieurs, mais nous pouvons être sûrs que ce qui se passe en nous est visible pour les autres. Notre tâche consiste à continuer d'avancer, même si nous avons l'impression que chaque pas exige de nous plus de force que nous ne pouvons fournir. Peu importe la difficulté de notre progression, nous devons persévérer. Tout le cran et toute la ténacité que nous trouvions en nous pour entretenir notre dépendance active, peuvent ici nous servir à persévérer, avec énergie et opiniâtreté, dans notre effort de rétablissement.

Après avoir écrit notre inventaire et l'avoir partagé avec nous-mêmes, avec Dieu tel que nous le concevons et avec un autre être humain, nous avons pris conscience de nos défauts de caractère. Avec l'aide de notre parrain ou de notre marraine, nous dressons une liste de ces défauts et nous examinons la manière dont ils se manifestent dans notre vie. Nos défauts de caractère sont des traits humains fondamentaux qui ont été complètement déformés par notre égocentrisme, causant à nous-mêmes ainsi qu'à ceux qui nous entourent de grandes souffrances.

Prenons un défaut comme la confiance excessive en soi, et imaginons cette confiance à son juste niveau : comme la croyance ferme en ses propres valeurs. Il en est ainsi des personnes solides, bien intégrées et ayant de l'assurance. Celles-ci développent généralement des valeurs et des principes qu'elles suivent et qu'elles considèrent comme profondément justes. De telles personnes vivent en conformité avec leurs valeurs et, lorsqu'on leur demande en quoi consistent ces valeurs, elles en parlent sans chercher à les imposer. La confiance à l'égard de nos valeurs est essentielle. Sans elle, nous serions toujours indécis et resterions probablement quelque peu immatures dans notre rapport au monde. Cette confiance devient une « vertueuse suffisance » lorsque nous insistons pour que les autres vivent selon nos valeurs. Pousser l'insistance jusqu'à la manipulation ou l'exploitation des autres rend ce défaut encore plus laid.

Ou considérons la peur. L'absence de peur face à une attaque personnelle, une maladie grave ou une blessure possible serait un signe de folie plutôt que de sérénité ! Nous avons tous peur : peur d'être seuls, de manquer du nécessaire, de mourir et de bien d'autres choses. Cependant, lorsque nos peurs deviennent égocentriques et obsessionnelles, lorsque nous passons tout notre temps à nous protéger de ce qui *pourrait* arriver, nous ne pouvons plus affronter efficacement la vie ici et maintenant.

En travaillant la sixième étape, beaucoup de bonne volonté et de confiance nous est demandé pour combler le gouffre qui sépare le courage de la peur. La peur d'une vie sans nos comportements destructeurs du passé doit être surmontée. Nous aurons besoin de faire confiance à notre puissance supérieure pour éliminer nos défauts de caractère. Nous devrons être disposés à croire que ce qui se trouve au-delà de la sixième étape sera meilleur que les peurs, les ressentiments et l'angoisse spirituelle qui résident en nous. Lorsque la souffrance à demeurer tels que nous sommes deviendra plus forte que la peur du changement, nous réussirons certainement à lâcher prise.

Peut-être pouvons-nous nous demander ce qu'il adviendra lorsque nous renoncerons à utiliser notre vieille « trousse de survie ». Après tout, pendant notre dépendance active, l'égocentrisme nous a protégés de la culpabilité et nous a permis de continuer à consommer sans égard pour notre entourage. Le déni nous a empêchés de nous apercevoir du naufrage de notre vie. L'égoïsme nous a permis de faire tout ce qu'il fallait pour continuer dans notre folie. Nous n'avons plus besoin de cette « trousse ». Nous disposons d'un ensemble de principes beaucoup plus appropriés à notre nouveau mode de vie.

Tandis que nous écrivons notre liste de défauts et que nous constatons à quel point ils ont été à l'origine de nos problèmes, nous devons avoir l'esprit ouvert pour envisager ce que pourrait être notre vie sans eux. Si le manque d'honnêteté est l'un de nos défauts de caractère, nous pouvons penser à certaines situations dans lesquelles nous mentions, en général, et imaginer comment nous nous sentirions si nous disions pour une fois la vérité. Si nous essayons de le faire, peut-être ressentirons-nous un soulagement en envisageant une vie où nous n'avons plus à dissimuler de petites tromperies sous de grands mensonges, et sans toutes les complications inhérentes à la malhonnêteté. Si nous découvrons des défauts découlant de notre paresse et de notre tendance à tout remettre au lendemain, nous pouvons envisager d'abandonner notre existence marginale pour passer à une vie faite d'ambitions réalisées, d'horizons nouveaux et de possibilités illimitées.

Outre nos espoirs et nos rêves d'avenir, nous pouvons découvrir chez notre parrain ou chez notre marraine, ou chez des personnes dont nous admirons le rétablissement d'autres exemples concrets de qualités que nous nous efforçons d'obtenir. Si nous connaissons des membres manifestant les qualités spirituelles que nous désirons acquérir, nous pouvons nous servir d'eux comme exemples. Ce que nous espérons devenir est illustré tout autour de nous par les dépendants en rétablissement vivant selon des principes spirituels. Notre parrain, notre marraine et bien d'autres expriment ce qu'ils ont vécu lorsqu'ils ont été libérés de leurs défauts de caractère, et nous sommes confiants que cette libération est également possible pour nous.

Cependant, nous pouvons encore traverser une période de deuil consécutif à la perte de nos illusions et de notre ancien mode de vie. Parfois, renoncer à notre vieille « trousse de survie » donne la sensation d'abandonner notre meilleur ami. Toutefois, il nous faut renoncer à nos réserves comme à nos excuses, à nos justifications et à nos aveuglements si nous souhaitons progresser dans le rétablissement les yeux ouverts. Nous sommes bien conscients que nous ne pouvons plus faire demi-tour, car il est impossible d'oublier le miracle qui a commencé à se produire en nous. Notre esprit meurtri panse ses blessures au cours du travail des étapes. Devenir tout à fait prêt implique, entre autre, de mettre en pratique un comportement constructif. Comme à présent nous comprenons et reconnaissons nos comportements destructeurs, nous trouverons la bonne volonté de les remplacer par des comportements constructifs. Si, par exemple, nous nous sentons blessés, nous n'avons pas à nous recroqueviller en une boule d'apitoiement, tout en nous plaignant de la malchance qui nous atteint. Au lieu de cela, nous pouvons accepter ce qui est et chercher des solutions. De cette manière, nous prenons de plus en plus l'habitude de penser de façon constructive. Examiner les possibilités, se fixer des objectifs et progresser malgré l'adversité nous devient alors plus naturel. Nous ne sommes pas obligés de perdre notre temps à faire la tête ou à nous plaindre en vain sur des circonstances hors de notre contrôle. Parfois même, nous pouvons être surpris de notre bonne humeur et de notre optimisme, et cela n'a rien d'étonnant vu que de telles attitudes étaient tout à fait étrangères à la plupart d'entre nous !

Il y a peut-être encore des moments où nous sentons qu'on nous en demande vraiment trop. Beaucoup d'entre nous se sont écriés : « D'après vous, est-ce que *là aussi*, je dois dire la vérité ? » ou encore : « Si seulement je pouvais encore mentir, voler ou tricher, ce serait tellement plus facile d'obtenir ce que je veux ». Nous sommes écartelés entre le mode de vie sans grands scrupules découlant de notre dépendance et les principes du rétablissement. Bien qu'à première vue, il puisse sembler plus facile de manipuler les résultats de nos actes ou d'en éviter les conséquences, nous savons que le prix à payer est trop élevé. La honte, le regret et la perte du bien-être spirituel qui en résulteraient, l'emporteraient de beaucoup sur tout ce que nous pourrions éventuellement gagner en transigeant sur nos principes. En observant les principes du rétablissement, nous recherchons une vie d'harmonie et de paix. L'énergie dépensée autrefois pour entretenir et alimenter nos défauts de caractère peut à présent s'investir dans le développement de nos buts spirituels. Plus nous accordons d'attention à notre nature spirituelle, plus celle-ci rejaillira sur notre vie.

Cependant, quelle que soit l'application que nous mettons à mettre en action la sixième étape dans notre vie, nous n'atteindrons jamais un état de perfection spirituelle. Très vraisemblablement, nous verrons les défauts auxquels nous avons affaire aujourd'hui se manifester de diverses façons durant toute notre vie. Après des années de rétablissement, nous pourrons peut-être encore nous sentir anéantis par la réapparition de quelque vieux défaut que nous croyions disparu. Notre imperfection nous rend humbles, mais qu'on ne s'y trompe pas : l'humilité pour le dépendant est l'état idéal. L'humilité nous ramène sur terre et assure fermement nos pas sur le chemin spirituel que nous parcourons. Nos illusions de perfection nous font sourire et nous continuons d'avancer. Nous sommes sur la bonne voie, entraînés dans la bonne direction et chacun de nos pas nous fait progresser.

Tandis que nous travaillons cette étape, nous devenons plus tolérants face aux défauts de ceux qui nous entourent. Lorsque nous voyons quelqu'un manifester un défaut auquel nous avons déjà cédé nous-mêmes, nous nous sentons plus compatissants que critiques, car nous savons très précisément toute la souffrance que cause un tel comportement. Au lieu de condamner le comportement des autres, nous regardons en nous. Ayant l'expérience de l'acceptation de soi, nous pouvons étendre notre compassion et notre tolérance aux autres.

Nous nous interrogeons pour savoir si nous sommes tout à fait disposés à ce que Dieu nous enlève tous nos défauts, c'est-à-dire chacun d'eux. S'il subsiste la moindre réserve, si nous éprouvons le besoin de nous accrocher à un défaut ou à un autre, nous prions pour que la bonne volonté nous vienne. Nous ouvrons notre esprit à l'amélioration que Narcotiques Anonymes offre à notre état, et utilisons les ressources du rétablissement pour agir de notre mieux à chaque instant. Même si cela représente la démarche de toute une vie, nous vivons un jour à la fois. Nous avons fait un pas de géant dans le rétablissement, mais il doit être suivi d'un autre pour être réellement durable. Avec la disposition à agir dont nous sommes aujourd'hui capables, nous passons à la septième étape.

# SEPTIÈME ÉTAPE

*« Nous lui avons humblement demandé de nous*
*enlever nos déficiences. »*

Dans la quatrième étape, nous avons découvert les principaux défauts de notre caractère. Dans la cinquième étape, nous avons admis leur existence. Dans la sixième étape, nous sommes devenus entièrement prêts à ce qu'ils nous soient enlevés afin de pouvoir connaître une croissance spirituelle et un rétablissement durables. À présent, dans la septième étape, nous demandons humblement à notre puissance supérieure de nous ôter nos déficiences. Par cela, nous signifions aussi que nous désirons être libérés de tout ce qui restreint notre rétablissement. Nous la prions de nous accorder de l'aide, car, seuls, nous ne pouvons y parvenir.

Grâce à notre travail des étapes précédentes, nous voyons qu'il est nécessaire de parvenir à l'humilité si nous voulons vivre une vie saine et parcourir un chemin spirituel. Humilité ne signifie pas humiliation ou négation de nos qualités. Au contraire, elle signifie que nous avons une vision réaliste de nous-mêmes et de notre place dans le monde. Dans la septième étape, humilité veut dire comprendre notre rôle dans notre propre rétablissement, nous rendre compte de nos forces et de nos limites, et avoir confiance en une puissance supérieure à nous-mêmes. Pour travailler la septième étape, nous devons nous mettre en retrait afin que Dieu puisse œuvrer de la façon qui lui est propre. Convaincus que la sagesse de Dieu surpasse de beaucoup la nôtre, demander humblement à cette puissance pleine d'amour de nous ôter nos déficiences signifie que nous lui donnons carte blanche pour opérer dans notre vie.

Tout en possédant à présent une certaine dose d'humilité, nombre d'entre nous peuvent ne pas bien comprendre le mot « humblement ». Certains ont pris pour acquis le fait que Dieu, sur simple demande, leur enlèverait leurs déficiences et ils ont pu être surpris lorsque leur puissance supérieure ne s'est pas conformée à leur demande. À l'inverse, espérant faire démonstration de leur humilité, certains d'entre nous ont essayé de plaider leur cause auprès de Dieu afin qu'il leur enlève leurs déficiences.

Nous nous sommes tant efforcés de bien faire. Nous étions las de nos déficiences. Nous étions épuisés à force d'essayer de les diriger et de les contrôler, et nous voulions un peu de répit. Curieusement, admettre la défaite, accepter nos limites et demander de l'aide à Dieu tel que nous le concevons, traduit exactement l'attitude que nous désirons montrer dans la septième étape, c'est-à-dire l'humilité.

Demander à notre puissance supérieure de nous enlever nos déficiences exige une capitulation de nature plus profonde que notre capitulation initiale. Conséquence du désespoir absolu que nous avons ressenti devant notre impuissance et notre incapacité à gérer notre vie, la capitulation évolue, ici, dans un registre complètement nouveau. Ce degré supérieur de capitulation nous permet d'accepter non seulement notre dépendance, mais aussi les déficiences qui lui sont liées. Accepter notre dépendance a été le premier pas vers l'acceptation de soi. Grâce à notre travail des étapes antérieures, nous possédons à présent une certaine connaissance de nous-mêmes, et l'illusion de croire que nous étions des êtres d'exception s'est estompée. Nous savons que nous ne sommes ni plus ni moins importants que les autres. Comprendre que nous ne sommes pas exceptionnels est un bon signe d'humilité.

La patience est une composante essentielle au travail de cette étape. Nous pouvons éprouver une certaine difficulté avec la notion de patience, car notre dépendance nous a habitués à la satisfaction instantanée. Cependant, nous avons déjà mis en pratique les principes qui nous permettent d'être patients. Nous devons simplement réaffirmer notre décision de la troisième étape qui est de confier notre volonté et notre vie aux soins de Dieu tel que nous le concevons. Si, dans la troisième étape, nous n'avons pas acquis une entière confiance en cette puissance, il est temps à présent de la développer.

Limités, peut-être, dans leur façon d'envisager l'avenir, beaucoup d'entre nous sont incapables d'entrevoir ce que leur puissance supérieure leur réserve. Si tel est notre cas, nous devons faire appel à la foi. Comme dans les étapes précédentes, nous devons simplement croire que la volonté de Dieu à notre égard est bénéfique. Notre foi justifie d'espérer le meilleur.

En travaillant cette étape, nous évitons d'intellectualiser le rétablissement. Notre préoccupation n'est pas de déterminer exactement quand et comment nos déficiences nous seront enlevées. Notre travail n'est pas d'analyser cette étape. Celle-ci est un choix spirituel, un choix qui va au-delà de toute réaction émotionnelle ou de tout acte conscient de notre volonté. Décider de la contourner ne ferait que nous laisser seuls face à une conscience accrue de nos défauts de caractère, sans espoir de connaître un soulagement vis-à-vis de nos déficiences. La souffrance qui en résulterait pourrait bien être insupportable.

Nous avons examiné nos défauts de caractère, nos croyances erronées et nos modes de comportements malsains. Nous avons vu que nous devions changer, mais nous ne sommes peut-être pas conscients de l'avoir fait depuis le moment où nous sommes arrivés à Narcotiques Anonymes en demandant de l'aide. Nous nous sommes présentés à notre première réunion avec un grand vide spirituel. Quelque chose d'essentiel avait été coupé. Nous avions perdu la capacité d'aimer, de rire et de ressentir. Depuis longtemps, les gens ne pouvaient plus voir un être humain derrière notre regard vide. Dès notre toute première réunion, nous avons ressenti l'amour et l'acceptation que dégageaient les membres de NA. Nous avons commencé à revenir à la vie. Ce que nous vivons est un éveil de l'esprit, aussi radical que ce mot puisse paraître. Depuis un certain temps, cet éveil était clairement apparu à ceux qui nous entourent. Mais à présent, notre changement est d'une telle évidence qu'à notre tour nous sommes capables de le voir.

Un de ces changements apparaît dans notre relation avec Dieu tel que nous le concevons. Auparavant, nous avons probablement cru que notre Dieu était très loin et qu'il ne se préoccupait pas beaucoup de nous. Le fait que chacun de nous puisse avoir un Dieu selon sa conception propre, et toujours disponible, peut nous sembler difficile à saisir. Pendant un certain temps peut-être, la prière nous a semblé artificielle, mais aujourd'hui nous pouvons sentir que nous sommes écoutés et aimés lorsque nous prions.

Construire une relation avec Dieu tel que nous le concevons fait beaucoup pour accroître notre bien-être au moment de demander que nos déficiences nous soient enlevées. Le travail effectué dans les étapes précédentes a enrichi cette relation. Nous avons demandé à notre puissance supérieure de nous accorder l'honnêteté, l'ouverture d'esprit et la bonne volonté, et nous avons été pourvus de la capacité de développer ces qualités essentielles à notre rétablissement.

Chaque fois que nous sommes à court d'une qualité que nous essayons d'acquérir ou que la mise en pratique de principes spirituels nous paraît ardue, nous nous tournons vers notre Dieu. Dans cette étape, nous demandons à ce Dieu d'amour de nous ôter l'impatience, l'intolérance, la malhonnêteté ou toute déficience qui nous gêne en ce moment. Nous voyons bien que notre puissance supérieure nous procure toujours ce dont nous avons besoin, et cela ne fait qu'augmenter notre foi. Lorsque nous demandons à notre puissance supérieure de nous enlever nos déficiences, nous pouvons ne voir disparaître qu'un fragment de certaines d'entre elles. D'autres défauts peuvent simplement être éliminés pendant un temps pour nous permettre d'avancer sur la voie du rétablissement. Nous pouvons même être complètement libérés de ces défauts. Mais l'essentiel est d'en être venus à croire que seul Dieu tel que nous le concevons détient le pouvoir de nous enlever nos déficiences. Sachant que cela ne se produira que lorsque notre Dieu l'aura décidé, nous pouvons en toute bonne foi demander à notre puissance supérieure de nous ôter nos déficiences. Notre foi peut transcender les idées que nous nous faisons sur nos besoins ou sur les choses que nous estimons devoir obtenir.

Même si nous ressentons un certain bien-être dans notre relation avec Dieu tel que nous le concevons, il est nécessaire que notre parrain ou notre marraine nous guide tout au long de la septième étape. Notre parrain ou notre marraine nous aidera à comprendre ce qu'est l'humilité et à découvrir une bonne manière de communiquer avec notre puissance supérieure.

Nous devons nous rappeler que nous prions une puissance supérieure à nous-mêmes. Nous faisons cette demande avec humilité, avec la conscience de notre impuissance. Comme preuve d'humilité, certains d'entre nous récitent une prière formelle au moment de demander à leur puissance supérieure de les aider. D'autres prient d'une manière plus informelle, avec autant d'humilité, mais en utilisant leurs propres mots.

Toute communication avec notre puissance supérieure est une prière. Peu importe la manière dont nous choisissons de communiquer avec Dieu tel que nous le concevons, nous ressentons un certain bien-être nous envahir tandis que nous prions. Nous savons que nous sommes entre de bonnes mains.

La connaissance de ce qui précède est source de liberté. Sans être la panacée, le travail de la septième étape nous donne cependant la liberté de choisir. Nous savons que, si nous suivons les principes spirituels du rétablissement, nous n'avons plus besoin de nous épuiser à essayer de manipuler les situations et leurs résultats. Nous confions notre vie à Dieu tel que nous le concevons. De temps en temps, nous pouvons encore connaître la peur, mais nous ne sommes plus obligés de réagir à celle-ci d'une manière destructive. Lorsque la situation l'exige, nous avons à présent la liberté d'agir d'une manière constructive ou de ne pas agir du tout. La conviction que notre puissance supérieure se soucie réellement de nous est le résultat de la relation que nous avons construite avec elle. Un contact conscient avec une puissance supérieure est en train de naître. Nous nous efforcerons d'améliorer ce contact toute notre vie. À présent, nous sommes pleinement conscients de la présence d'un Dieu dans notre vie.

La septième étape apporte une tranquillité d'esprit que nous n'aurions jamais cru possible. Quant à notre recherche de croissance spirituelle, notre capacité à ressentir l'amour de notre puissance supérieure en est l'aspect tangible. Nous percevons ce que pourrait être une vie libérée de toute déficience. Atteindre de notre vivant cet état de perfection ou de complète humilité n'est pas notre but, mais entrevoir cette idée et méditer sur ce sujet représente un cadeau rare et inestimable en soi. Nous sommes en train de changer. Non seulement avons-nous entendu parler du miracle du rétablissement, mais nous devenons des preuves vivantes de ce que le pouvoir du programme de Narcotiques Anonymes peut accomplir. La vie spirituelle n'est plus un concept dont nous entendons parler dans les réunions ; elle devient maintenant une réalité tangible. Par un simple regard dans la glace, nous pouvons apercevoir un miracle. Dieu tel que nous le concevons a fait de nous, dépendants sans espoir et sans conscience spirituelle, des dépendants en rétablissement, ouverts au domaine spirituel et désireux de vivre. Bien qu'ayant atteint ce point, il nous reste à nous attaquer aux torts causés par nos déficiences. Comme nous avons le désir de poursuivre sur la voie de la liberté et du rétablissement, nous passons à la huitième étape et nous disposons à faire amende honorable pour les torts que nous avons commis.

# HUITIÈME ÉTAPE

*« Nous avons dressé une liste de toutes les personnes que nous avions lésées et avons résolu de leur faire amende honorable. »*

Les étapes précédentes nous ont permis de nous familiariser avec notre puissance supérieure et nous ont appris à vivre en paix avec nous-mêmes. Avec la huitième étape, nous entamons à présent une démarche qui consiste à faire la paix avec les autres.

En agissant sous l'emprise de nos défauts de caractère, nous faisions du mal aussi bien à ceux qui nous entourent qu'à nous-mêmes. Dans la septième étape, nous avons demandé à notre puissance supérieure de nous enlever nos déficiences. Cependant, une véritable libération de nos défauts, passe par le fait d'accepter la responsabilité de leurs conséquences. Nous devons faire tout ce qui est en notre pouvoir pour réparer ce mal que nous avons fait. Au cours de la huitième étape, nous entreprenons de réparer nos torts. L'acceptation de la responsabilité de nos actes débute en dressant la liste de toutes les personnes que nous avons lésées et en prenant la résolution de leur faire amende honorable.

Faire amende honorable risque d'avoir une certaine incidence sur la vie de ceux que nous avons lésés, mais c'est sur nous-mêmes que ce processus aura le plus d'impact. Notre objectif est de réparer les dégâts que nous avons causés, afin de pouvoir poursuivre notre éveil spirituel. Lorsque viendra le temps de faire amende honorable, nous serons certainement étonnés du sentiment de liberté que nous éprouverons.

La démarche que nous entreprenons est destinée à nous libérer du passé, de façon à vivre pleinement le présent. Beaucoup d'entre nous sont hantés par les souvenirs de mauvais traitements qu'ils ont infligés aux autres. Ces souvenirs peuvent nous assaillir sans crier gare. Nos actes passés suscitent en nous une honte et un remords si profonds que leur évocation peut provoquer en nous un horrible sentiment de culpabilité. Nous voulons en être délivrés. Nous nous mettons à établir une liste de personnes que nous avons lésées.

La simple pensée d'avoir à faire cette liste peut nous susciter des peurs. Par exemple, celle d'avoir causé des dommages qu'il nous serait impossible de réparer, ou celle d'avoir à rencontrer les personnes que nous avons lésées. Nous ne pouvons nous empêcher d'imaginer comment vont être reçues les amendes honorables que nous allons faire. Nos scénarios les plus optimistes décrivent l'absolution probable de tous nos méfaits. Quant aux plus cauchemardesques, ils mettent en scène une personne qui refuse d'accepter nos amendes honorables et qui cherche à se venger. La plupart d'entre nous ont l'imagination assez fertile, aussi n'est-ce pas le moment d'anticiper, et en l'occurrence ici, bons ou mauvais, nous devons éviter de créer des scénarios. Nous en sommes à la huitième étape et non à la neuvième. Pour le moment, faire une liste et nous disposer à faire amende honorable sont nos seules préoccupations.

Le travail des étapes précédentes nous a apporté la bonne volonté nécessaire pour entamer la huitième étape. Nous avons évalué honnêtement la nature exacte de nos torts et examiné à quel point nos actes ont affecté les autres. Admettre nos torts n'a pas été facile. Il nous a fallu croire en une puissance qui nous donne du courage et nous aide, par son amour, à affronter la souffrance engendrée par les conséquences de notre dépendance. Le courage et l'honnêteté qui nous avaient été utiles au moment d'écrire et de partager notre inventaire, nous sont une fois encore d'une importance capitale pour dresser notre liste d'amendes honorables. Nous pratiquons ces principes depuis un certain temps et ils nous sont en quelque sorte familiers. La huitième étape n'est que le prolongement de nos efforts pour aboutir à une libération, grâce à l'application de principes spirituels.

Dresser la liste et nous disposer à faire amende honorable peut être une entreprise difficile si nous ne surmontons pas nos ressentiments. Nous connaissons pratiquement tous dans notre entourage une personne qui nous a lésés, mais envers laquelle nous devons faire amende honorable. Peut-être ne lui avons-nous pas encore réellement pardonné et découvrons que nous sommes fort peu disposés à l'inscrire sur notre liste. Cependant, nous le devons. Nous sommes responsables de nos actes. Nous faisons une amende honorable parce qu'elle est due. Nous devons lâcher prise sur nos ressentiments et mieux regarder le rôle que nous avons joué dans les conflits. Car, si nous sommes toujours en proie à l'égocentrisme, nous ne progresserons pas et ne serons pas en mesure de vivre la vie spirituelle que nous aspirons à connaître. Nous lâchons prise sur nos attentes, et nous cessons de rejeter sur les autres la responsabilité de nos actes. L'idée que nous étions une victime doit disparaître. Dans la huitième étape, nous ne nous préoccupons pas de ce que les autres nous ont fait. Notre seule préoccupation est d'accepter la responsabilité de ce que nous avons fait aux autres.

Si nous éprouvons toujours de la colère à l'égard de certaines personnes de notre passé, nous devrons mettre en pratique le principe spirituel du pardon. L'aptitude à pardonner découle de notre capacité d'acceptation de soi et de compassion pour nous-mêmes. Toutefois, si cela nous paraît compliqué, nous pouvons demander de l'aide à notre puissance supérieure. Nous prions pour obtenir d'elle une entière disposition au pardon. Nous avons commencé à nous accepter tels que nous sommes. À présent, nous commençons à accepter les autres tels qu'ils sont.

Pendant que nous établissons la liste de toutes les personnes, de tous les lieux et de toutes les institutions envers lesquels nous devons des amendes honorables, nous souhaitons peut-être réviser notre quatrième étape. Si elle a été faite minutieusement, elle devrait clairement faire apparaître notre rôle dans les conflits de notre vie et montrer comment nous avons lésé les autres en agissant sous l'emprise de nos défauts de caractère. Nous y trouvons mentionnées les personnes que notre malhonnêteté a blessées, les personnes que nous avons volées ou trompées, les personnes qui ont subi les conséquences de nos actes. Nous examinons aussi la manière dont nous avons lésé la société et l'ajoutons à notre liste. Nous pouvons avoir abusé d'aides sociales, avoir eu une conduite outrageante en public ou refusé de contribuer au bien-être de tous.

Bien que l'examen de notre quatrième étape puisse nous faire découvrir la majorité de notre liste d'amendes honorables, la huitième étape n'est pas une simple réécriture de notre inventaire. Nous ne nous contentons plus de rechercher la nature du mal que nous avons causé, maintenant nous recherchons aussi les noms des personnes, des lieux et des institutions auxquels nous avons causé des dommages. Nous n'avons pas seulement menti, nous avons menti à *quelqu'un*. Nous n'avons pas simplement volé des choses, nous avons volé des choses qui appartenaient à des *gens*.

Ce que nous avons écrit dans notre quatrième étape ne représente pas la seule source d'aide dont nous pouvons disposer pour établir notre liste. Notre parrain ou notre marraine peut en être une autre. Lorsque nous avons partagé notre inventaire, il ou elle nous a aidés à mieux regarder la nature exacte de nos torts. Leur discernement nous a permis de constater de quelle manière nous avons blessé les gens en laissant libre cours à nos défauts de caractère. Ce même discernement va nous permettre, à présent, de déterminer qui doit réellement faire partie de notre liste.

Beaucoup d'entre nous ont du mal à constater à quel point ils se sont lésés eux-mêmes et peuvent être surpris lorsque d'autres leur suggèrent d'ajouter leur nom à la liste. Quant à assumer la responsabilité de leurs actes, beaucoup poussent les choses à l'extrême. Certains ont tendance à nier toute responsabilité, alors que d'autres se reprochent les moindres disputes. En parlant avec notre parrain ou notre marraine ainsi qu'avec d'autres dépendants, notre perception faussée des choses disparaît graduellement, et nous trouvons la clarté d'esprit nécessaire pour travailler la huitième étape. L'aide qu'ils nous apportent nous permet de voir avec réalisme les limites de notre responsabilité.

Avant de commencer à faire une liste, il est important dans le contexte de la huitième étape de bien comprendre la signification du verbe « léser ». Nous avons peut-être tendance à n'envisager celle-ci qu'en termes de souffrance physique. Cependant, il existe de nombreuses façons de léser quelqu'un : tourmenter mentalement, causer des pertes ou des dommages matériels, laisser sur le plan émotionnel des cicatrices indélébiles, trahir la confiance de quelqu'un et ainsi de suite. Il se peut que nous rétorquions : « Je n'ai jamais voulu blesser personne ! ». Néanmoins, il ne s'agit pas de cela. Quelles qu'aient été nos intentions, nous sommes responsables du mal que nous avons fait. Chaque fois que des personnes ont un tant soit peu souffert en raison de l'un de nos actes, elles ont été lésées. Pour mieux comprendre la manière dont nous avons pu blesser les gens, il est indiqué de nous « mettre à leur place ». Si nous imaginons ce que notre entourage, victime de notre manque de considération, a pu ressentir, nous ne devrions avoir aucune difficulté à rajouter des noms à notre liste.

En plus de la signification du verbe « léser », nous devons aussi chercher à comprendre ce que signifie « faire amende honorable ». Cette étape ne demande pas de nous disposer à déclarer que nous sommes désolés, bien que cela puisse faire partie de nos amendes. La plupart des gens que nous avons lésés nous ont sans doute tellement entendu dire « Je suis désolé », qu'ils en sont saturés pour le restant de leurs jours. En revanche, nous nous disposons à faire tout notre possible pour réparer les dommages que nous avons causés, particulièrement en modifiant notre comportement.

Dans certains cas, il se peut que nous ayons fait un mal d'une telle gravité que la situation semble impossible à réparer. Cela peut apparaître évident à l'examen des relations que nous entretenons avec ceux qui font partie de notre vie depuis un certain temps. Au fil des années, nous avons entraîné nos familles, nos amis de longue date, nos associés dans une série de situations aussi pénibles les unes que les autres. On ne peut refaire le passé. Mais selon notre expérience, il est indispensable d'examiner ce que nous avons fait et de nous rendre compte du tort que nous avons causé. En dépit de l'impossibilité de modifier ce qui est arrivé, nous pouvons commencer à faire amende honorable en ne reproduisant pas les mêmes comportements.

Accepter le mal que nous avons fait, en être sincèrement désolés et être prêts à tout pour changer est une démarche douloureuse. Néanmoins, nous ne devons pas craindre ce qui fait partie de nos douleurs de croissance, car regarder la réalité en face nous permet de poursuivre notre éveil spirituel. Le simple fait d'accepter le mal que nous avons causé accroît notre humilité. Être sincèrement désolé est le signe de la régression de notre égocentrisme. Résolus à tout faire pour changer, nous sommes de nouveau inspirés à aller de l'avant.

Une part de notre résolution se manifeste simplement par le fait d'écrire notre liste d'amendes honorables. Nous avons là l'occasion de constater le mal que nous avons fait. Après avoir inscrit le nom de quelqu'un qui mérite de recevoir de notre part une amende honorable et mentionné de quelle manière cette personne a été lésée, certains écrivent, à côté de leurs nom, la manière dont ils ont l'intention d'effectuer cette amende. Le fait de prévoir comment faire amende honorable peut accroître notre bonne volonté en constatant que nous avons bien la capacité de réparer le mal que nous avons causé.

Nous désirons être prêts à effectuer les amendes qui sont dues, et nous faisons tout pour obtenir la bonne volonté de les faire. Si un débat intérieur ou la recherche de la dose exacte de bonne volonté nous égare, nous avons le moyen de nous débarrasser de ces pensées stériles, en prenant consciemment la décision de prier pour obtenir de la bonne volonté. Nous sommes peut-être un peu hésitant, mais nous faisons de notre mieux. Notre rétablissement est en jeu. Si nous voulons le poursuivre, nous devons faire amende honorable. Nous demandons à Dieu de nous aider à trouver la bonne volonté nécessaire pour faire amende honorable. Prier pour obtenir cette bonne volonté permet d'aller plus loin dans notre relation avec Dieu tel que nous le concevons. Au cours de la septième étape, nous avons approfondi notre relation personnelle avec notre puissance supérieure, en lui demandant de nous libérer de nos déficiences. À présent, nous sommes convaincus que cette puissance nous fournira tout ce dont nous avons besoin pour travailler la huitième étape. Notre engagement envers le rétablissement implique que nous soyons disposés à aller aussi loin que nous le devions.

Une puissance supérieure œuvre dans notre vie et nous prépare à être au service des autres. Les changements opérés par cette puissance sont mis en relief par l'évolution de nos attitudes et de nos actes. Nous voyons s'épanouir notre capacité à préférer les principes spirituels aux défauts de caractère et le rétablissement à la dépendance. Nous avons une nouvelle conception de la vie, et nous savons que nous sommes responsables de ce que nous faisons. Nous ne subissons plus le remords constant causé par les blessures que nous avions infligées dans le passé. Le simple fait de comprendre à quel point nous avons gravement lésé les gens, d'être sincèrement désolés de la souffrance que nous avons causée, et d'être disposés à leur faire connaître notre désir de remettre les choses en ordre, sont les clés qui nous libèrent du passé. Bien qu'il nous reste encore à faire la paix avec les autres, nous avons accompli un long trajet pour faire la paix avec nous-mêmes. Dans cette nouvelle perspective, confiants en Dieu tel que nous le concevons et remplis de bonne volonté, nous passons à la neuvième étape.

# NEUVIEME ÉTAPE

*« Nous avons directement fait amende honorable à ces person-*
*nes dans tous les cas où c'était possible, sauf lorsque cela*
*pouvait leur nuire ou faire tort à d'autres. »*

À présent que nous sommes disposés à faire amende honorable à toutes les personnes que nous avons lésées, nous faisons acte de bonne volonté et nous nous mettons à travailler la neuvième étape. Nous entamons ici une démarche qui, à partir de la reconnaissance de nos torts et des conflits que nous avons causés, va nous dégager de ces conflits et nous conduire vers la sérénité à laquelle nous aspirons. Cette démarche requiert d'examiner notre vie, d'identifier nos défauts de caractère et de prendre conscience de la manière dont nous avons lésé les autres lorsque nous avons agi sous l'emprise de nos défauts. À présent, nous devons faire tout ce qui est en notre pouvoir pour réparer le mal que nous avons fait.

Nous tenons devant nous notre liste de huitième étape, et nous savons bien ce que nous avons à faire ; toutefois, savoir et faire sont deux choses différentes. Nous avons peut-être en tête d'excellentes idées concernant la manière de faire nos amendes honorables, mais lorsque le moment se présente, nous nous trouvons pris de panique et nous nous sentons incapables de nous atteler à la tâche. Ce blocage peut être dû à la crainte de savoir comment seront reçues nos amendes honorables ou à la peur d'être la cible de la vengeance de quelqu'un. D'un autre côté, nous nourrissons peut-être secrètement l'espoir d'être exonérés de cette tâche. Pour faire amende honorable, notre bonne volonté ne peut pas s'appuyer sur l'espoir d'y échapper. En correspondance avec chacune de nos amendes honorables, nous pouvons nous attendre à toute une gamme de réactions possibles de la part des gens, depuis le fait d'être tenus entièrement responsables jusqu'à celui d'être complètement pardonnés. Aussi devons-nous nous disposer à poursuivre nos amendes jusqu'au bout sans nous préoccuper des conséquences éventuelles. Encore une fois, avec l'aide de notre puissance supérieure, nous devons réussir à surmonter notre peur et continuer.

Bien que la perspective de faire amende honorable puisse nous effrayer, nous devons faire preuve de courage pour travailler cette étape. Nous nous tournons vers Dieu tel que nous le concevons pour qu'il nous en donne la force. Notre puissance supérieure est à nos côtés pendant que nous faisons chaque amende honorable. Nous comptons sur cette présence malgré notre crainte d'aborder les personnes que nous avons lésées.

La peur que les gens ne nous acceptent pas aussi facilement que nos amis membres de NA peut nous faire hésiter. Toutefois, nous avons déjà eu l'occasion de nous rendre compte que les dépendants en rétablissement ne détenaient pas le monopole de la bienveillance ou du pardon. D'autres personnes sont capables de nous accepter tels que nous sommes et de comprendre nos problèmes. Mais enfin, qu'elles soient ou non disposées à nous accepter, nous devons procéder à leur faire amende honorable. Le risque que nous prenons sera, sans aucun doute, récompensé par une plus grande liberté personnelle. Pour effectuer la neuvième étape, les principes spirituels d'honnêteté et d'humilité que nous avons acquis dans les étapes précédentes nous sont très précieux. Si nous n'avions déjà mis ces principes en pratique, nous serions incapables d'aborder, en toute humilité, les personnes à qui nous devons des amendes honorables. L'honnêteté dont nous avons fait preuve pour écrire notre inventaire et l'aveu qui a suivi, le « dégonflement de l'ego » opéré par notre travail de la sixième et septième étape et le regard sans complaisance que nous avons porté en examinant la manière dont nous avons lésé les autres, ont permis à notre humilité de se développer et nous ont procuré la motivation nécessaire pour travailler la neuvième étape. Ce parcours nous a conduits à accepter humblement la personne que nous étions et celle que nous devenons, entraînant en nous un désir sincère de faire amende honorable envers tous ceux que nous avons lésés.

Ce désir de faire amende honorable devrait être la motivation première pour travailler la neuvième étape. Faire amende honorable n'est pas une chose que nous faisons uniquement parce que notre programme de rétablissement le suggère. Pour être certains que nos motivations soient fondées sur les principes spirituels, nous trouvons utile, avant de faire chaque amende honorable, de réaffirmer notre décision de confier notre volonté aux soins de Dieu tel que nous le concevons. Une puissance supérieure à nous-mêmes nous fournira le conseil dont nous avons besoin.

Il ne faut pas s'attendre à recevoir des fleurs parce que nous vivons selon les principes du rétablissement. Face à nos amendes honorables, les gens peuvent avoir des réactions bien différentes. Ils peuvent les apprécier ou les rejeter. Nos relations avec eux peuvent s'améliorer ou non. Ils peuvent nous remercier ou bien nous lancer à la tête un « Ce n'est pas trop tôt ! ». Nous devons lâcher prise sans anticiper la manière dont nos amendes honorables seront reçues, afin de laisser les résultats entre les mains de Dieu tel que nous le concevons. Il est très important que nous fassions tout notre possible pour exécuter nos amendes honorables. Cependant, celles-ci faites, notre rôle prend fin. Nous ne devons pas nous attendre à ce que, d'un coup de baguette magique, elles pansent les plaies de quelqu'un que nous avons blessé. Nous pouvons humblement demander pardon, mais si ce pardon ne nous est pas accordé, nous lâchons prise sachant que nous avons fait de notre mieux. En faisant amende honorable, nous ne manquons pas de nous demander si, oui ou non, nous le faisons parce que nous sommes réellement désolés et que nous avons un désir sincère de réparer ce que nous avons fait. Si nous répondons « oui » à cette question, nous pouvons être certains que nous abordons cet acte dans un véritable esprit d'humilité et d'amour.

Afin de renforcer notre humilité, nous demandons de l'aide à notre parrain ou à notre marraine. Ensemble, toutes les fois que cela est possible, nous réfléchissons sur chaque amende honorable *avant* de la faire. Nous lui confions pourquoi nous faisons amende honorable, nous lui expliquons aussi ce que nous projetons de dire et ce que nous nous proposons d'offrir pour arranger la situation. Cette amende honorable que nous avons l'intention de proposer doit être, si possible, en proportion du préjudice que nous avons commis. Par exemple, si nous avons emprunté de l'argent à quelqu'un que nous n'avons jamais remboursé, nous ne nous contentons pas de présenter nos excuses, nous remboursons l'argent. Nous parlons franchement à la personne que nous avons lésée et nous réparons scrupuleusement les torts que nous avons causés.

Lorsque nous faisons amende honorable envers ceux qui ont, par le passé, suscité notre ressentiment, il est impératif d'avoir une attitude d'humilité. Aller voir quelqu'un avec la ferme résolution de faire amende honorable pour que cela se termine en bagarre à propos de qui a été le plus blessé des deux, est hors de question. Nous avons tous à faire amende honorable envers des personnes qui de leur côté nous ont lésés et nous devons oublier pour un temps notre blessure. Notre travail consiste à faire amende honorable pour les préjudices que *nous* avons commis et non forcer les autres à admettre à quel point ils nous ont fait du tort.

Selon notre expérience, faire amende honorable est un processus en deux étapes : nous faisons amende honorable envers les personnes que nous avons lésées, et nous faisons suivre nos amendes par une profonde modification de notre comportement. Nous regagnons la confiance des gens et nous changeons de conduite. Sous l'emprise de la colère, nous avons peut-être détruit des biens qui appartenaient à quelqu'un d'autre. Lorsque nous faisons amende honorable envers cette personne, nous ne nous contentons pas de nous excuser et de remplacer ou réparer ses biens, nous en profitons aussi pour corriger notre attitude. En l'occurrence, en nous retenant dorénavant de passer notre colère sur les objets.

Changer notre façon de vivre est un travail de toute une vie et représente peut-être l'amende honorable la plus significative que nous puissions faire. Prenons le cas des gens que nous avons lésés, et qui pour certains ont souffert durant des années : il peut s'agir de membres de notre famille ou des personnes qui, pendant longtemps, ont été nos proches. Une amende honorable de cette nature ne peut être expédiée en cinq minutes, quelle qu'en soit la sincérité. Elle peut être amorcée par le fait d'admettre nos torts et de présenter nos excuses, mais nous devons la poursuivre par l'effort quotidien de ne plus faire souffrir les personnes qui nous sont chères. Ainsi, si nous avons négligé notre famille, nous nous efforçons de passer plus de temps auprès d'elle. Si nous avons manqué d'attention envers elle, oubliant sans cesse les anniversaires et les fêtes, nous essayons de nous montrer plus proches en nous souvenant de ces événements importants. Si, absorbés par nos désirs et nos besoins, nous avons été sans égards pour les autres, nous devenons sensibles à leurs propres besoins. Bien entendu, nous ne sommes pas obligés de poursuivre une relation avec toutes les personnes que nous avons lésées. Par exemple, divorcés d'avec un conjoint ou une conjointe de qui nous avons des enfants, nous sommes peut-être obligés de lui verser une pension alimentaire. Faire amende honorable, ici, n'oblige pas à recommencer une relation amoureuse avec notre ex-partenaire. En nous remémorant que les obligations parentales ne sont pas uniquement d'ordre financier, nous pouvons parvenir à un accord mutuel afin de mieux les remplir.

Du fait que les actes posés dans cette étape peuvent avoir une incidence profonde sur les autres, il n'est pas recommander de prendre les choses à la légère et de procéder à nos amendes sans en discuter, au préalable et en détail, avec notre parrain ou notre marraine. Certains, juste pour apaiser leur conscience, se sont laissés entraîner à faire amende honorable sur un coup de tête. Généralement, cela s'est terminé par plus de mal que de bien. Supposons que, dans notre quatrième étape, nous ayons écrit sur des personnes envers qui, pendant des années, nous avons éprouvé secrètement de la rancœur. Nous les avons ridiculisées, nous les avons jugées et condamnées à leur insu ou bien nous avons sali leur réputation auprès des autres. Du fait que cela s'était fait sans qu'elles le sachent, devons-nous maintenant nous en confesser auprès d'elles ? Certes non ! La neuvième étape n'est pas destinée à libérer notre conscience aux dépens des autres. Notre parrain ou notre marraine nous aidera à trouver un moyen de faire les amendes honorables appropriées sans causer plus de tort.

Il est évident qu'il n'est pas recommandé de faire nos amendes honorables directement si nous risquons de blesser quelqu'un. Mais cependant, comment faire une amende « directe » lorsque la personne est décédée, impossible à retrouver ou vit à des milliers de kilomètres ? En l'occurrence, il existe de nombreuses façons d'effectuer une amende efficacement et directement sans avoir à la faire en personne. Si nous devons une amende honorable envers une personne décédée, écrire sous forme de lettre tout ce que nous souhaiterions lui dire si elle était encore en vie semble, dans ce cas, très approprié. Ensuite, nous pouvons peut-être lire cette lettre à notre parrain ou à notre marraine. Vouloir, en personne, faire amende honorable à quelqu'un qui demeure très loin peut constituer un noble sentiment, mais la plupart d'entre nous n'ont pas les moyens de parcourir de grandes distances dans ce seul but. Dans de telles situations, un appel téléphonique ou une lettre peuvent jouer le même rôle qu'une amende honorable faite en personne. Quant aux personnes inscrites sur notre liste dont nous avons perdu la trace, leur nom doit continuer d'y figurer, une occasion de faire amende honorable pouvant se présenter d'elle-même plus tard ou après des années. Entre-temps, nous devons demeurer disposés à la faire. Bien sûr, nous ne devrons jamais éviter de faire amende honorable en personne, sous prétexte que nous avons peur d'affronter ceux que nous avons lésés. Nous faisons tout ce qui est en notre pouvoir pour les retrouver et pour faire amende honorable du mieux possible.

Choisir la meilleure façon de faire amende honorable exige une grande attention et de passer du temps à interroger sa conscience sur ce qu'il convient de faire. Certains d'entre nous ont à faire face à des situations qui ne peuvent être corrigées. Nos actes peuvent avoir laissé des cicatrices indélébiles sur le plan physique ou émotionnel, ou encore causé la mort de quelqu'un. Nous devons, d'une manière ou d'une autre, apprendre à vivre avec de telles choses. Ces actes nous font vivre dans un indicible remords, et nous aimerions savoir comment nous pourrions nous y prendre pour faire amende honorable. À ce point, nous n'avons d'autre choix que de compter sur notre puissance supérieure. Il est peut-être difficile de se pardonner, mais nous pouvons demander à un Dieu d'amour de le faire pour nous. Nous faisons une pause et en présence de notre puissance supérieure, nous faisons le calme en nous, nous lui demandons de nous indiquer ce qu'il convient de faire. S'engager à aider d'autres dépendants, se consacrer à diverses formes d'action humanitaire, sont, pour beaucoup d'entre nous une sorte de réponse. Pour de tels problèmes, la réponse n'est jamais simple ; nous faisons simplement de notre mieux, en écoutant les conseils de notre parrain ou de notre marraine et de Dieu tel que nous le concevons.

Pour bon nombre d'entre nous, notre passé, dans son naufrage, comporte des faits relativement mineurs, comme une condamnation en sursis pour une violation quelconque du code de la route. Par contre, certains ont commis des délits ou des crimes entraînant de très graves conséquences. De telles affaires, si elles nous concernent, nous placent devant un grand dilemme. Si nous nous rendons aux autorités, nous risquons d'aller en prison. Si nous ne le faisons pas, nous risquons de vivre dans la peur d'être pris un jour ou l'autre, et d'aller tout de même en prison. Avec l'aide de notre parrain ou de notre marraine et de Dieu tel que nous le concevons, nous nous disposons à faire tout ce qui doit être fait pour sauvegarder notre rétablissement. Mais, avant de faire amende honorable, il est recommandé de solliciter une aide juridique. Dans ce cas, consulter un avocat sur ces problèmes peut nous être très bénéfique.

Sur le plan financier, les amendes honorables qui nous posent problème peuvent aussi nécessiter l'avis d'un professionnel. Beaucoup d'entre nous ont accumulé des dettes à un rythme alarmant, et peut-être que certaines de ces dettes excèdent nos moyens de remboursement. Certains d'entre nous peuvent avoir à rembourser des sommes supérieures à ce qu'il est raisonnable de penser qu'ils gagneront honnêtement durant les prochaines années. Quant à ceux qui ont rarement payé leur loyer, leurs factures d'électricité ou de téléphone, il leur a peut-être semblé plus facile de déménager que d'avoir à remplir leurs obligations financières.

Comme pour toutes les amendes précédentes, nous discutons des amendes honorables d'ordre financier avec notre parrain ou notre marraine avant de les effectuer. Depuis qu'ils sont en rétablissement, certains ont commencé à subvenir aux besoins de leurs familles ; celles-ci dépendent d'eux pour subsister. En général, nous devons nous en tenir à un budget serré si nous voulons faire face aux dépenses courantes tout en remboursant, autant que possible, nos anciennes dettes. Pour résoudre de tels problèmes financiers, il peut être utile de rencontrer nos créanciers afin de leur expliquer notre situation et leur exprimer notre désir de régler nos dettes. Nous convenons alors d'un plan raisonnable de remboursement et nous le respectons. Cet exemple montre à quel point faire amende honorable est un processus plutôt qu'une chose réglée « une fois pour toutes ». Une grande discipline, des sacrifices personnels et de la détermination sont requis pour continuer de payer un remboursement pendant des années et des années, mais c'est seulement grâce à cette persévérance que nous pouvons retrouver le respect de nous-mêmes.

La plupart d'entre nous se sentent mal à l'aise quand il s'agit de faire amende honorable pour des torts causés lors de relations intimes. Au moment où nous avons écrit notre quatrième étape, nous nous sommes rendus compte que non seulement nous nous étions privés de la possibilité d'avoir des relations sérieuses, mais encore que nous avons infligé, sur le plan émotionnel, de profondes blessures à nos partenaires. Notre peur de l'intimité ou de l'engagement nous a peut-être amenés à consommer, à être infidèles ou à abandonner les personnes qui nous aimaient. Nous n'étions généralement pas disponibles pour ces personnes. Pour les rencontrer et leur faire amende honorable, certains moments peuvent être propices alors que d'autres risquent de les perturber et réouvrir d'anciennes blessures. Connaître la différence exige d'être tout à fait honnête et de communiquer à cœur ouvert avec notre parrain ou notre marraine. Que nous fassions ou non des amendes honorables directes envers ces personnes, nous devons absolument modifier la façon dont nous nous conduisons aujourd'hui. Si, auparavant, l'intimité nous faisait fuir nous devons à présent apprendre à communiquer avec nos partenaires. Il est essentiel de devenir plus prévenants, plus sensibles et plus attentifs aux besoins des autres.

Parfois, la seule façon de faire amende honorable est de changer la manière dont nous vivons. Comme il est dit dans la huitième étape, il est possible que nous devions des amendes honorables à des organismes locaux ou à la société en général. Bien que cela semble abstrait, nous devons les faire de manière concrète et les faire suivre d'un changement d'attitude. Si nous avons lésé la société, faire amende honorable commence par en devenir des membres productifs. Nous apportons notre contribution. Nous nous efforçons de donner et non de prendre.

Notre rétablissement est aussi une façon de faire amende honorable envers nous-mêmes. Au cours de notre dépendance active, nous nous sommes traités de façon abominable. La culpabilité et la honte que nous avons éprouvées chaque fois que nous avons lésé un autre être humain, ont fait payer un lourd tribut à notre amour-propre. Notre dépendance nous a humiliés de mille et une façons. À présent, en rétablissement, nous apprenons à nous traiter d'une manière qui témoigne du respect que nous avons envers nous-mêmes.

Les résultats les plus importants de la neuvième étape rejailliront en nous. Cette étape nous apprend beaucoup sur l'humilité, l'amour, l'altruisme et le pardon. Nous commençons à récupérer de notre dépendance et nous ne vivons plus avec autant de regrets. Nous progressons spirituellement et nous voyons que, réellement, nous acquérons une liberté nouvelle. Notre passé est le passé et rien d'autre que cela. Nous le laissons derrière nous afin qu'il ne rode plus à l'affût d'une occasion de hanter notre présent.

L'un des bénéfices les plus merveilleux que nous puissions obtenir en travaillant la neuvième étape est de savoir qu'en tant qu'être humain, nous nous améliorons. Nous constatons combien nous avons changé, car nous ne répétons plus les actes qui nous ont conduit à devoir faire amende honorable. Dans notre rétablissement, nous pouvons ne pas avoir encore senti l'amplitude de ce changement. Faire amende honorable nous fait prendre conscience de devenir des personnes complètement différentes. Le cauchemar permanent dans lequel nous faisait vivre notre dépendance commence enfin à s'estomper à l'aube de notre rétablissement.

Notre humilité s'accroît à la rencontre des personnes que nous avons lésées. Voir combien nos actes ont touché les autres est un choc qui nous arrache à notre égocentrisme. Nous commençons à comprendre que les gens ont eux aussi de véritables sentiments, et qu'un manque d'attention de notre part peut les blesser. En travaillant cette étape nous apprenons à être prévenants envers les gens, et ce que nous apprenons nous le mettons en pratique dans notre vie quotidienne. Il devient naturel pour nous de réfléchir avant de parler et d'agir, en gardant à l'esprit que nos paroles et nos actes peuvent éventuellement affecter nos amis, notre famille et les membres de NA. Nous abordons les personnes avec bienveillance, en respectant profondément et durablement les sentiments des autres.

Il se peut que nous soyons surpris par la façon dont l'humilité et l'altruisme nécessaires pour faire amende honorable, accroissent notre estime de nous-mêmes. L'un des aspects les plus paradoxaux de notre rétablissement est qu'en pensant moins à nous-mêmes, nous apprenons à nous aimer davantage. Nous n'avons peut-être pas prévu que notre cheminement spirituel conduirait à une meilleure appréciation de nous-mêmes, mais c'est un fait. Grâce à l'amour que nous apportons aux autres, nous prenons conscience de notre propre valeur. Nous apprenons que notre contribution a son importance, et pas seulement dans NA, mais dans le monde en général.

La conséquence du travail de la neuvième étape est de nous apporter la liberté de vivre au présent, de nous offrir la possibilité de jouir de chaque moment et d'éprouver de la gratitude pour les bienfaits du rétablissement. Les souvenirs du passé ne nous hantent plus et des possibilités nouvelles apparaissent. Nous sommes libres d'aller dans des directions que nous n'avions jamais envisagées auparavant. Avoir des rêves et chercher à les réaliser n'est plus impossible. Notre vie s'étend devant nous comme un horizon sans fin. De temps en temps, nous pouvons trébucher, mais la dixième étape nous donne l'occasion de nous reprendre pour continuer à avancer. Notre puissance supérieure nous invite à virre, et nous acceptons cette invitation avec gratitude.

# DIXIÈME ÉTAPE

*« Nous avons poursuivi notre inventaire personnel et avons promptement admis nos torts dès que nous nous en sommes aperçus. »*

Se rétablir dans Narcotiques Anonymes, c'est apprendre comment vivre. Le fait d'être parvenu à intégrer en nous les principes spirituels que nous ont enseignés les neuf premières étapes, nous a permis de vivre en harmonie avec nous-mêmes et avec les autres. Procéder à une introspection de soi, prendre en compte ce que nous découvrons, reconnaître nos torts constituent les pratiques essentielles d'une vie fondée sur la spiritualité. Grâce au travail de la dixième étape, nous prenons mieux conscience de nos émotions ainsi que de notre condition mentale et spirituelle. Ce faisant, notre perception des choses devient plus perspicace.

Certains d'entre nous, se remémorant leur quatrième étape, se demandent pour quelle raison ils devraient faire la dixième. Peut-être pensent-ils avoir corrigé toutes les erreurs du passé au cours des étapes précédentes. Comme ils n'ont nullement l'intention de refaire ces erreurs, pourquoi devraient-ils s'acharner à poursuivre cette introspection ? La dixième étape semble être pour certains un exercice douloureux, une corvée dont ils aimeraient bien se passer. Cependant, nous devons poursuivre notre croissance, ce que permet justement la dixième étape. À maintes reprises, nous aurons à recourir aux étapes précédentes, mais la dixième étape

participe d'une façon différente à notre progrès spirituel : elle développe notre conscience vis-à-vis de ce
qui se passe chaque jour dans notre vie.

Nous n'insisterons jamais assez sur l'importance
d'être en contact avec nos pensées, nos sentiments,
nos émotions, nos attitudes et notre comportement.
Chaque jour, la vie nous lance de nouveaux défis. Notre rétablissement dépend de notre bonne volonté à
vouloir les relever. Notre expérience nous montre que
certains membres rechutent parfois après de longues
périodes d'abstinence, parce que devenus complaisants
envers leur rétablissement, ils ont laissé s'accumuler les
ressentiments tout en refusant de reconnaître leurs
torts. Graduellement, ces petites blessures, ces demi-
vérités et ces rancunes « justifiées » se transforment en
déceptions profondes, en désillusions graves et en ressentiments intenses. Nous ne pouvons risquer de compromettre notre rétablissement, et nous devons nous
attaquer à ces situations dès qu'elles surviennent.

Dans la dixième étape, nous utilisons l'ensemble des
principes et des pratiques que les étapes précédentes
nous ont enseignés et nous les appliquons avec cohérence à notre vie. Pour beaucoup d'entre nous, aborder la journée en renouvelant notre décision de vivre
selon la volonté de notre puissance supérieure nous
permet, tout au long de cette même journée, de donner priorité aux valeurs spirituelles. Cependant, nous
sommes enclins à refaire des erreurs que nous ne connaissons que trop bien. Nous pouvons pratiquement
imputer chaque faute de conduite à un défaut de ca-

ractère précédemment identifié lors de la sixième étape. Demander humblement à Dieu tel que nous le concevons de nous enlever nos déficiences est tout aussi nécessaire aujourd'hui que lors de la septième étape. Voici comment nous procédons pour faire la dixième étape : chaque jour, nous faisons notre propre inventaire et nous examinons les circonstances dans lesquelles nous n'avons pas été à la hauteur de nos valeurs spirituelles. Puis, nous redoublons d'effort pour mieux vivre une vie guidée par des principes. Par exemple, lorsque nous voyons réapparaître notre tendance à agir de manière compulsive, sans nous soucier des conséquences de nos actes, nous devons nous recentrer sur les principes spirituels, prendre impérativement les mesures qui s'imposent et continuer de progresser dans notre rétablissement.

Bien que l'habitude de travailler cette étape ne s'installe pas facilement, nous ne devons pas renoncer. C'est en nous ménageant d'abord chaque jour un petit temps d'introspection sur un sujet précis, que nous nous rapprochons ensuite, petit à petit, de notre objectif : être capable à tout moment de nous regarder en face. Nous poursuivons en nous efforçant à chaque instant de mieux prendre conscience de nous-mêmes. Cela nécessite de l'autodiscipline. Ainsi, plus nous y mettons du nôtre, plus le travail de la dixième étape devient une seconde nature.

Cela ne signifie pas que nous devrions être durs envers nous-mêmes et tomber dans l'analyse de chacune de nos motivations pour chercher des problèmes là où il n'y en a pas. Nous devons rester en harmonie avec notre conscience et écouter ce qu'elle nous dit. Ainsi, lorsque nous avons l'impression que quelque chose ne va pas, nous devons nous en préoccuper. De même, si des sentiments de culpabilité ou de colère persistent, nous pouvons agir sur eux. Lorsque quelque chose ne tourne pas rond, nous ne le savons peut-être pas sur le moment, mais nous finissons généralement assez vite par nous en rendre compte. Aussi, dès que nous nous apercevons que nous sommes mal à l'aise, nous devons en rechercher la cause et régler cela dès que possible.

Tout en nous efforçant au cours de la journée de maintenir notre conscience en éveil, il peut nous être utile de prendre notre temps une fois celle-ci finie, pour réfléchir tranquillement aux événements qui se sont produits et sur la manière dont nous avons réagi. Les parrains ou marraines suggérerent fréquemment de travailler cette dixième étape par écrit. Nous pouvons aussi nous inspirer de la brochure *Vivre le programme*. Pour cette étape, nous nous posons le même genre de questions que dans la quatrième, à la seule différence qu'elles s'appliquent à la *journée qui se termine*. Nous en faisons l'examen et nous cherchons à voir si nous avons agi selon nos valeurs. Ai-je été honnête aujourd'hui ? Ai-je conservé mon intégrité personnelle dans mes relations avec les autres ? Ai-je progressé ou suis-je revenu à mes anciens comportements ? Nous passons en revue notre journée.

Afin d'examiner notre journée – ou notre vie entière d'ailleurs – nous devons pratiquer l'humilité que les étapes précédentes nous ont permis de développer. Nous avons passablement appris sur nous-mêmes, particulièrement sur notre ancienne manière de répondre aux situations et sur la façon dont nous souhaitons y répondre aujourd'hui. Reconnaître humblement le rôle que nous jouons dans notre propre vie nécessite une grande connaissance de soi.

Il se peut que nous ayons des difficultés à admettre que nous avons tort parce que, habituellement, nous voulons avoir raison. Par exemple, lors d'une réunion de service, nous sommes convaincus de savoir ce que le groupe doit faire, car nous avons étudié tous les aspects de la question. Durant la réunion, nous sommes tellement persuadés d'avoir raison que nous défendons violemment notre point de vue sans ressentir la suffisance qui nous habite. Nous ne nous rendons pas compte du tort que nous causons aux autres en ne respectant pas leur point de vue autant que nous respectons le nôtre.

Souvent, nous agissons à l'encontre de nos valeurs et, malgré cela, nous attendons des autres qu'ils soient irréprochables. Par exemple, saisis d'une « vertueuse indignation » à l'écoute de commérages nous nous surprenons un jour à en faire autant. Ou bien, entraînés par notre tendance à être très exigeants envers les autres, nous nous mettons à les critiquer sévèrement tout en justifiant, par une multitude de bonnes raisons, le fait que nous ayons des exigences différentes vis-à-vis de nous-mêmes ! Si nous nous retrouvons dans un tel état de confusion morale, il nous reste alors à recourir aux principes de la dixième étape pour y voir plus clair.

À certains moments de la vie, il se peut que nous soyons confrontés à des situations qui semblent exiger des compromis avec nos croyances et nos valeurs personnelles. Par exemple, nous venons de décrocher un emploi dans une société et soudain, nous découvrons que notre employeur veut nous imposer l'usage de pratiques commerciales douteuses ; nous pouvons, non sans raison, éprouver un certain embarras face aux choix que nous avons à faire. Confronté à un tel dilemme, n'importe lequel d'entre nous aurait du mal à savoir quoi faire. Il peut être tentant de porter un jugement hâtif, ou d'attendre de notre parrain ou marraine une réponse toute faite. Cependant, personne ne peut résoudre un tel dilemme à notre place. Même si notre parrain ou notre marraine peut nous conseiller, nous devons appliquer les principes du programme pour nous-mêmes et parvenir à notre propre décision. Finalement, nous sommes seuls à vivre avec notre conscience. Pour que cela nous soit agréable, nous devons décider de ce qui est ou n'est pas moralement acceptable dans notre vie.

Il peut être très déconcertant d'avoir à déterminer à quel moment nous avons tort, surtout lorsque nous sommes en plein conflit. Lorsque nos émotions sont à leur paroxysme, nous ne sommes peut-être pas en mesure d'avoir un point de vue honnête sur nous-mêmes. Nous ne voyons alors que nos exigences et besoins immédiats. En de telles circonstances, afin de mieux percevoir notre rôle, notre parrain ou notre marraine peut nous suggérer de faire l'inventaire personnel d'un domaine particulier de notre vie. Devant la recrudescence de l'un de nos défauts de caractère, nos amis peuvent être de bon conseil et nous suggérer d'en parler à notre parrain ou à notre marraine. Être réceptifs aux suggestions de notre parrain ou de notre marraine et de nos amis de NA, prêter attention à ce que dit notre conscience, passer un moment de tranquillité avec Dieu tel que nous le concevons, nous conduiront à une plus grande clarté d'esprit.

Dès que nous sommes conscients de nos erreurs, que ce soit au bout de cinq minutes, cinq heures ou cinq jours, nous devons les reconnaître aussitôt que possible et réparer le mal que nous avons pu faire. Comme dans la neuvième étape, nous découvrons ici qu'admettre nos erreurs et changer notre comportement nous procurent une immense liberté.

Naturellement, lorsque nous souhaitons corriger notre comportement, nous devons faire preuve du même discernement que lorsque nous avons fait nos amendes honorables lors de la neuvième étape. Par exemple, si pendant une réunion nous avons eu le tort de juger mentalement la personne qui partageait, nous n'avons certes pas besoin d'aller le lui dire. Au lieu de cela, nous pouvons nous efforcer d'être plus tolérants.

Nous devons nous rappeler que la dixième étape n'est pas une entreprise à sens unique, un exercice qui serait destiné à noter ce que nous avons mal fait. Il faut éviter de tomber dans l'obsession de cette étape, en voulant à tout prix explorer systématiquement chaque travers de notre caractère. L'objet de la dixième étape est de parvenir à examiner nos pensées, nos comportements et nos valeurs afin de travailler sur ce que nous devons changer. Souvent, nos motivations sont bonnes, nous faisons bien les choses et il est bon de le reconnaître. Défauts de caractère et qualités ne s'excluent pas mutuellement, et nous sommes sûrs de les rencontrer tour à tour dans une même journée.

Au moment de travailler cette étape, nous nous fixons des objectifs personnels de rétablissement. Lorsque, dans un domaine particulier de notre vie, nous constatons que nous sommes bloqués par la peur d'aller de l'avant, nous pouvons nous résoudre à prendre des risques grâce au courage que nous puisons auprès de notre puissance supérieure. Lorsque à un certain moment, nous constatons que nous avons été égoïstes, nous pouvons, à l'avenir, nous efforcer d'être plus généreux. Aujourd'hui, lorsque nous nous apercevons que nous avons failli dans un domaine quelconque de notre vie, nous n'avons pas à nous laisser envahir par un sentiment d'angoisse ou la peur de l'échec. Nous pouvons, au contraire, être reconnaissants d'avoir cette conscience accrue de nous-mêmes et même éprouver un sentiment d'espoir. Nous savons maintenant qu'en appliquant notre programme de rétablissement à nos déficiences, nous changerons et nous grandirons.

Grâce au travail de la dixième étape, nous commençons à nous voir avec plus de réalisme. Beaucoup d'entre nous parlent de la libération que leur a apporté le fait de ne plus cacher leurs erreurs et ne plus se créer d'espoirs irréalistes. Alors qu'auparavant nous passions d'un extrême à l'autre, un jour nous croyant bien meilleurs que les autres et le lendemain exactement le contraire, nous découvrons maintenant le juste milieu où peut s'épanouir la véritable estime de nous-mêmes. Nous ressentons un espoir nouveau au fur et à mesure que nous découvrons dans cette étape des qualités longtemps négligées. Nous nous voyons tels que nous sommes réellement, acceptant nos qualités ainsi que nos défauts et sachant que nous pouvons changer grâce à l'aide d'une puissance supérieure. Nous devenons ce que nous étions destinés à être depuis toujours : des êtres humains à part entière.

Nous avons tous besoin de l'amour et de l'attention des autres, mais cela ne veut pas dire qu'il nous faille compter sur les gens pour nous apporter ce que nous ne pouvons trouver qu'en nous-mêmes. Nous cessons d'avoir des exigences excessives envers les autres et pouvons commencer à nous investir dans nos relations. Nos amours, nos amitiés ainsi que nos rapports avec les membres de notre famille, avec nos collègues ou avec de simples relations occasionnelles sont en train de subir une métamorphose stupéfiante. Nous sommes libres d'apprécier la compagnie d'une autre personne parce que nous ne sommes plus autant obsédés par nous-mêmes. Nous constatons enfin que tous les stratagèmes dont nous nous servions pour éloigner les autres ont au mieux été inutiles et, le plus souvent, la cause fondamentale de ce qui nous faisait souffrir dans nos relations.

Le fait d'entretenir de meilleurs relations avec les autres est le signe que la qualité de notre vie s'est considérablement améliorée. De tels signes reflètent simplement les changements subtils mais très réels qui se sont produits en nous. Notre façon de voir les choses est complètement différente. Face aux valeurs spirituelles que nous apprécions le plus aujourd'hui, des préoccupations telles que le souci de « vouloir toujours paraître à son avantage » ou d'accumuler des richesses matérielles perdent beaucoup de leur sens. En osant faire l'introspection requise à la dixième étape, nous découvrons que nous plaçons notre rétablissement et notre relation avec Dieu tel que nous le concevons au-dessus de tout le reste.

Alors que s'apaise le chaos intérieur qui nous a si longtemps accompagné, nous commençons à connaître de longues périodes de sérénité. Pendant ces moments, nous ressentons de façon de plus en plus évidente la présence puissante d'un Dieu d'amour dans notre vie, et nous nous préparons à rechercher les moyens de maintenir et d'améliorer notre contact avec cette puissance. À la recherche d'une direction et d'un sens à notre vie, nous passons à la onzième étape.

# ONZIÈME ÉTAPE

« *Nous avons cherché par la prière et la méditation à améliorer notre contact conscient avec Dieu, tel que nous le concevions, le priant seulement pour connaître sa volonté à notre égard et pour obtenir la force de l'exécuter.* »

Tout au long de notre rétablissement, un élément ressort de notre travail des étapes : nous avons réussi à construire une relation avec Dieu tel que nous le concevons. Dans un premier temps, cet effort nous a conduit à la décision que nous avons prise à la troisième étape. Nous l'avons poursuivi par le travail des étapes suivantes, chacune étant destinée à lever toutes les barrières qui pouvaient se dresser entre notre puissance supérieure et nous-mêmes. En conséquence, nous sommes à présent ouverts à l'amour de notre puissance supérieure et à ses conseils.

Les caractéristiques de notre maladie et les actes entraînés par notre dépendance active ont séparé beaucoup d'entre nous de leur puissance supérieure. Notre égocentrisme nous empêchait de croire à l'existence d'une puissance supérieure à nous-mêmes, et a fortiori d'établir un contact conscient avec cette puissance. Nous ne pouvions percevoir le but ou le sens de notre vie. Rien ne pouvait remplir le vide que nous ressentions. Il semblait que nous ne partagions aucun lien avec les autres. Nous nous sentions seuls dans un vaste univers, croyant qu'il n'existait rien au-delà de ce que notre vue limitée nous laissait entrevoir.

Toutefois, dès que nous commençons à nous rétablir, nous voyons notre égocentrisme régresser tandis
que grandit notre conscience de la présence d'une puissance supérieure dans notre vie. Nous avons commencé
à constater que nous ne sommes pas seuls et qu'en fait
nous ne l'avons jamais été. Par notre travail des étapes
précédentes, nous sommes déjà parvenus à un contact
conscient avec Dieu tel que nous le concevons. Notre
éloignement et notre isolement ont pris fin. Dans la
onzième étape, nous cherchons maintenant par la prière
et la méditation à *améliorer* ce contact conscient avec
Dieu tel que nous le concevons.

Lors de la onzième étape, beaucoup d'entre nous ont
eu du mal à comprendre ce que voulait dire « prier pour
obtenir la force ». À première vue, cela semblait con-
tredire l'aspect le plus fondamental de notre programme
de rétablissement : l'aveu de notre impuissance. Mais,
si nous jetons un autre regard sur la première étape,
nous constatons qu'il y est écrit que nous sommes
impuissants devant notre dépendance. Il n'est pas dit
que nous n'obtiendrons pas la force d'exécuter la volonté de Dieu tel que nous le concevons. C'est bien dans
un état d'impuissance que nous avons commencé la
première étape : nous étions impuissants face à notre
dépendance et incapables d'exécuter toute autre volonté que la nôtre. Cela ne signifie pas que, dans la
onzième étape, nous acquérons un pouvoir sur notre
dépendance. Dans cette étape, nous prions pour obtenir une force d'un genre particulier : la force d'exécuter
la volonté de Dieu.

La croissance spirituelle ne nous effraie plus du fait qu'elle est devenue tout à fait indispensable pour préserver la paix d'esprit que nous avons trouvée. Il est possible qu'au début de notre rétablissement, nous ayons travaillé les étapes parce que nous avions mal et que nous avions peur de rechuter si nous ne le faisions pas. Aujourd'hui, cependant, nous sommes moins motivés par la souffrance et la peur, mais davantage par le désir de nous rétablir de manière continue. Cette inclination pour le rétablissement révèle une capitulation plus profonde. Nous avons atteint un état où nous croyons réellement que la volonté d'une puissance supérieure à nous-mêmes est préférable à notre propre volonté. Au lieu d'essayer de manipuler les situations pour qu'elles se conforment à notre idée de ce qui est le mieux, il nous est devenu habituel de nous demander comment notre puissance supérieure souhaiterait nous voir agir. Nous ne voyons plus la volonté de Dieu à notre égard comme quelque chose que nous devons *subir*. Au contraire, nous faisons un effort conscient pour aligner notre volonté sur celle de notre puissance supérieure, convaincus qu'ainsi nous obtiendrons davantage de joie et de paix d'esprit. Voilà ce qu'est la capitulation : une croyance sincère en notre propre faillibilité et une décision tout aussi sincère de nous en remettre à une puissance supérieure à nous-mêmes. La capitulation, pierre d'achoppement de notre dépendance, est devenue la pierre angulaire de notre rétablissement.

Cependant, nous ne pouvons pas nous rétablir uniquement à partir de la capitulation. Après avoir capitulé, nous devons construire en passant à l'action, tout comme nous l'avons fait dans les étapes précédentes. Dans la dixième étape, nous avons commencé à mettre en pratique la discipline requise pour vivre de façon spirituelle au quotidien. Nous continuons à pratiquer ce principe dans la onzième étape en poursuivant nos efforts en ce sens. Nous donnons priorité à la prière et à la méditation. Nous prenons la résolution d'intégrer la prière et la méditation à notre vie quotidienne au même titre que la nourriture ou le sommeil, puis nous appliquons l'autodiscipline nécessaire au maintien de cette résolution.

Pour travailler cette étape, nous devons aussi fortifier le courage que les étapes précédentes ont développé en nous. Celui dont nous avions fait preuve lorsqu'il avait fallu faire l'examen honnête et rigoureux de nous-mêmes, nous avait paru exceptionnel. Mais à présent, il s'agit d'acquérir une forme de courage nettement différente : celui de vivre selon des principes spirituels, même si les résultats nous effraient. En dépit de notre peur, nous faisons ce qui est nécessaire et puisons dans une réserve infinie de courage en faisant appel à une puissance supérieure à nous-mêmes.

Toutes ces réflexions sur Dieu risquent d'accentuer notre malaise, et nous sommes peut-être en train de nous demander si le « piège religieux » auquel nous nous attendions n'est pas sur le point de révéler son vrai visage. À présent, nous imaginons peut-être que notre parrain ou notre marraine va nous avertir qu'il faut prier ou méditer selon une méthode bien précise. Avant de nous laisser envahir par de telles craintes, il est bon de nous rappeler l'un des principes fondamentaux du rétablissement proposé par Narcotiques Anonymes : la liberté absolue et inconditionnelle de croire en la puissance supérieure de son choix, et, bien entendu, le droit propre à chacun de communiquer avec cette dernière d'une manière conforme à ses convictions personnelles. Même si certains pratiquent une religion traditionnelle, il est rarement question de croyances religieuses spécifiques lors de nos réunions. Nous respectons le droit de nos membres d'élaborer leurs propres croyances spirituelles et nous sommes très sourcilleux sur tout ce qui risquerait d'affaiblir le message spirituel du rétablissement.

La plupart d'entre nous, encouragés par cette liberté, ressentent relativement peu de difficultés à se débarrasser d'idées préconçues sur la « bonne » manière de prier ou de méditer. Par contre, trouver sa manière à soi est tout autre chose. Il se peut que nous ayons déjà une conception élémentaire de la prière et de la méditation : la prière est le moment où nous parlons à une puissance supérieure et la méditation est le moment où nous prêtons l'oreille à ses réponses. Il se peut également que nous n'ayons pas conscience des nombreuses possibilités qui s'offrent à nous. Le fait de les rechercher et d'examiner si elles nous sont utiles ou non prend beaucoup de temps et peut nous déconcerter. Ce n'est qu'en étant ouverts d'esprit et en passant à l'action que nous pouvons découvrir ce qui est bon pour nous. Nous pouvons expérimenter toutes sortes de pratiques avant d'en trouver une qui ne nous semble ni étrange ni imposée.

Si elles nous paraissent *toutes* bizarres, nous pratiquons alors une forme de prière et de méditation jusqu'à ce qu'elle nous devienne naturelle. Beaucoup ont adopté une approche éclectique, puisant leurs pratiques à diverses sources et associant celles qui leur apportaient le plus de réconfort et de lumière.

Nous sommes sur une voie spirituelle qui nous conduit à une meilleure compréhension de notre puissance supérieure. Beaucoup d'entre nous témoignent de la grande joie qu'ils ont ressentie au cours de ce cheminement. Nous recevrons certainement l'aide de nos amis de NA ou, peut-être même, d'autres personnes poursuivant aussi un parcours spirituel. Le fait de nous rapprocher de ces personnes et de leur demander conseil peut nous aider à trouver nos propres réponses ; cependant, profiter de l'expérience de quelqu'un d'autre ne nous dispense pas de la nécessité de nous faire une expérience personnelle. D'autres personnes peuvent nous montrer la voie qu'elles ont parcourue, et partager avec nous la joie et les réflexions que cette voie leur a procurées. Mais il se peut que notre cheminement spirituel prenne une direction différente et nous devons alors adapter notre méthode en conséquence. En fin de compte, c'est dans les moments de contact personnel avec notre puissance supérieure que nous découvrons ce qui nous correspond le mieux. L'expérience que d'autres nous partagent n'est qu'une *expérience*, elle n'est pas une réponse définitive aux mystères de la vie.

Notre conception d'une puissance supérieure se développe et se transforme grâce à la prière et à la méditation. Nous constatons que définir, une fois pour toutes, notre puissance supérieure sans jamais changer la façon dont nous la concevons est beaucoup trop restrictif. Nous pouvons constater un parallèle intéressant en nous remémorant le temps où nous étiquetions une fois pour toutes les êtres humains, nous privant ainsi de la possibilité de mieux connaître les gens. Chercher à définir notre puissance supérieure est hautement préjudiciable, car nous interrompons le développement de notre croissance spirituelle dès l'instant où nous en donnons une définition absolue.

Outre l'ouverture d'esprit nécessaire au travail de la onzième étape, il est indispensable que nous recherchions activement à connaître la volonté de Dieu à notre égard et à obtenir la force de l'exécuter. Que nos prières soient faites de suppliques désespérées ou des requêtes réfléchies, parvenir à cette connaissance est ce que nous demandons lorsque nous prions. Quel que soit l'état d'esprit dans lequel nous nous trouvons lorsque nous demandons conseil, nous pouvons être sûrs que nos efforts constants pour connaître la volonté de notre puissance supérieure à notre égard seront récompensés.

Nous devrions nous rappeler que la onzième étape nous demande de prier *seulement* pour connaître la volonté de Dieu et pour obtenir la force de l'exécuter. De même que nous avons ouvert notre esprit et évité de limiter la conception de notre puissance supérieure, de même nous évitons d'imposer des limites en ce qui concerne la volonté de Dieu à notre égard. Bien que prier pour un résultat précis puisse être très tentant, nous devons résister à cette envie si nous voulons connaître les bénéfices de la onzième étape. Prier pour des réponses spécifiques à des problèmes spécifiques n'est pas la solution. Ainsi, supposons qu'à un moment donné, nous nous sentions malheureux sans savoir exactement pourquoi. Après quelques minutes passées en prières à chercher une solution à notre tristesse, il se peut que nous ayons tout à coup l'impression que tous nos problèmes proviennent de la monotonie de notre travail et des exigences de notre patron. Nous pouvons voir là une inspiration divine ou, tout au moins, nous donner beaucoup de mal pour nous en convaincre. En tant que dépendants, nous sommes sujets à ce genre d'égarement et, par exemple ici, à lâcher notre emploi sur un coup de tête. Ce scénario peut sembler excessif, mais en priant seulement pour connaître la volonté de Dieu à notre égard et pour obtenir la force de l'exécuter, nous pouvons éviter de retomber dans notre ancienne tendance à laisser des idées irrationnelles et des impulsions stupides dominer le cours de notre vie. Généralement, la connaissance de la volonté de notre puissance supérieure ne se manifeste pas comme un éclair aveuglant, mais par un éveil progressif résultant de la pratique continue de la prière et de la méditation.

La pratique de la onzième étape implique l'exercice quotidien de la prière et de la méditation. Cette discipline renforce notre engagement envers le rétablissement, engagement à vivre un nouveau mode de vie et à approfondir notre relation avec notre puissance supérieure. Grâce à cette pratique quotidienne, nous commençons à entrevoir la liberté illimitée que peut nous accorder un Dieu d'amour. Nous découvrons que la pratique d'une telle discipline nous conduit aussi à croire fermement en notre propre droit au bonheur et à la paix d'esprit.

Nous constatons que nous pouvons être satisfaits avec ou sans réussite matérielle. Nous pouvons être heureux et comblés avec ou sans argent, avec ou sans compagne ou compagnon, avec ou sans l'approbation des autres. Nous nous apercevons que la volonté de Dieu à notre égard est d'être capables de vivre avec dignité, de nous aimer et d'aimer les autres, de rire et de découvrir une grande joie et une grande beauté dans notre environnement. Nos désirs et nos rêves les plus profonds se réalisent. Ces cadeaux inestimables ne sont plus hors de notre portée. En fait, c'est l'essence même de la volonté de Dieu à notre égard.

Dans notre gratitude, nous ne nous contentons pas seulement de demander à vivre selon le plan de Dieu à un niveau personnel. Nous commençons à chercher des façons de pouvoir servir les autres, d'être utiles à d'autres dépendants et de transmettre le message de rétablissement. Notre éveil spirituel nous a ouverts à la plénitude spirituelle, à l'amour inconditionnel et à la liberté personnelle. Sachant que nous ne pouvons garder ce précieux cadeau qu'en le partageant avec d'autres, nous passons à la douzième étape.

# DOUZIÈME ÉTAPE

*« Ayant connu un éveil spirituel comme résultat de ces étapes,*
*nous avons alors essayé de transmettre ce message aux*
*dépendants et d'appliquer ces principes à tous les*
*domaines de notre vie. »*

En un sens, la douzième étape englobe *toutes* les étapes. Pour transmettre le message et appliquer les principes du rétablissement à tous les domaines de notre vie, nous devons faire usage de ce que les onze premières étapes nous ont enseigné. Individuellement et collectivement, chaque étape a produit en nous une transformation extraordinaire que nous reconnaissons comme étant un éveil spirituel.

Beaucoup d'entre nous se sont demandés comment survient cet éveil spirituel. Arrive-t-il d'un seul coup, ou bien est-il le résultat d'une longue maturation ? Malgré la grande diversité de nos expériences à ce sujet, nous reconnaissons tous que cet éveil est le fruit de notre travail des étapes.

Notre éveil a été progressif. Il a débuté, dans la première étape, par une petite étincelle de conscience. Avant d'avoir admis la réalité de notre dépendance, nous vivions dans l'obscurité du déni. Mais lorsque nous avons capitulé, reconnaissant qu'il nous était impossible de mettre un terme à notre dépendance ou espérer connaître une vie meilleure par nous-mêmes, un rayon de lumière est venu percer cette obscurité et notre éveil spirituel a pu commencer.

Nos expériences d'éveil spirituel diffèrent entre elles, mais elles présentent des traits communs pratiquement universels. L'humilité est l'un de ces traits communs. Nous avons pour la première fois commencé à faire preuve d'humilité lorsque nous avons ouvert notre esprit à l'idée qu'il pouvait exister une puissance supérieure à nous-mêmes. Pour certains, la découverte que nous n'étions plus seuls dans notre lutte pour nous rétablir a été si surprenante, que nous en avons été complètement bouleversés. La deuxième étape nous a permis d'entrevoir une première lueur d'espoir. Cet espoir a eu un effet puissant et immédiat sur notre esprit désespéré, il nous a donné une raison de continuer.

Notre désir d'une vie différente nous a amenés, lors de la troisième étape, à capituler encore plus profondément. Non seulement avons-nous alors admis que nous ne pouvions pas contrôler notre dépendance, mais nous en sommes arrivés à reconnaître la nécessité de confier notre volonté et notre vie à une puissance supérieure. Paradoxalement, cette capitulation nous a fait découvrir notre principale force. En travaillant la troisième étape, nous avons commencé à comprendre qu'il était possible d'obtenir de notre puissance supérieure, en puisant dans l'infini de ses ressources, tout ce dont nous avions besoin pour parvenir à une reconstruction spirituelle.

Ensuite, cela a impliqué le courage que nous savions indispensable pour effectuer notre travail de la quatrième étape. En dépit du fait que nos amis de Narcotiques Anonymes nous certifiaient que cette démarche nous serait spirituellement très bénéfique, beaucoup redoutaient cette étape d'introspection. Nous avons eu peur, mais nous avons continué d'avancer en nous fiant, d'une manière ou d'une autre, à l'expérience d'autres dépendants en rétablissement. Notre inventaire terminé, nous n'avons plus eu besoin d'être convaincus. En chemin, nous avons grandi spirituellement. Notre esprit s'est trouvé renforcé par l'intégrité qui est apparue en nous. La détermination de nos valeurs, essentielle pour chacun d'entre nous, ne représente cependant qu'un des effets positifs de la quatrième étape.

À l'inverse de la capitulation que nous avons faite en désespoir de cause au cours de la première étape, celle de la cinquième étape s'est effectuée volontairement. Ce dévoilement total de notre moi le plus profond a amélioré notre faculté d'acceptation de soi et de faire confiance aux autres. L'acceptation que notre parrain ou notre marraine a manifestée à notre égard, ainsi que l'amour inconditionnel de notre puissance supérieure, ont fait en sorte que nous portions un jugement moins sévère sur nous-mêmes. La conscience de la nature exacte de nos torts nous a permis d'accroître notre humilité. Nous avons commencé à comprendre que l'humilité et la haine de soi étaient incompatibles et ne pouvaient cohabiter en même temps.

Avec la sixième étape, la conscience de la nature exacte de nos torts – nos défauts de caractères – et l'humilité inhérente à cette conscience, ont accru considérablement notre désir de changer. Malgré une certaine appréhension à l'idée de renoncer à nos défauts de caractère, nous avons surmonté nos peurs en puisant dans notre confiance et notre foi en un Dieu d'amour.

Ensemble, la confiance et la foi, éléments importants de l'éveil spirituel, nous ont permis d'être entièrement disposés à laisser une puissance supérieure à nous-mêmes agir dans notre vie.

Au cours de la septième étape, le fait de demander consciemment à Dieu tel que nous le concevons de nous aider, a beaucoup contribué à notre éveil spirituel. Cette requête que nous lui adressions montrait à quel point nous avions changé sur le plan spirituel. À ce moment, beaucoup ont commencé à sentir l'immense différence que représentait le fait d'avoir une puissance supérieure dans leur vie. Du fait que nous avions demandé et obtenu de ne plus être entièrement dominés par nos défauts de caractère, nous commencions enfin à saisir ce que nous offrait le miracle du rétablissement.

Entraînés par la promesse d'une liberté durable, nous avons procédé dans la huitième étape au constat des blessures que nous avons infligées aux autres au cours de notre dépendance active. En dressant la liste des personnes que nous avions lésées, nous avons constaté une fois encore, combien les étapes précédentes nous avaient préparés spirituellement à faire face à la douleur ou au remords. La bonne volonté nécessaire pour faire amende honorable auprès de toutes ces personnes a fait reculer encore davantage l'emprise de notre obsession de nous-mêmes. Notre quête de rétablissement n'était plus dominée par les avantages que nous pouvions en retirer. Notre vue ne se bornait plus

à notre petite vie et notre comportement, dans le rétablissement, devenait plus généreux. Nous avons acquis
la capacité de ressentir de l'empathie pour les autres.
Une fois engagés dans la neuvième étape, nous avons
pu constater que faire amende honorable contribuait à
notre croissance spirituelle. Notre humilité s'est accrue
lorsque nous avons pris en compte les sentiments
d'autrui. Notre amour-propre a grandi avec notre aptitude à pardonner à nous-mêmes autant qu'aux autres.
Nous avons été capables de donner de nous-mêmes.
Plus que tout, nous avons gagné notre liberté : celle de
vivre dans le présent et de sentir que nous appartenons
au monde.

La discipline que nous avons pratiquée lors de la
dixième étape nous a permis de continuer à insuffler une
énergie nouvelle à notre éveil spirituel. Nous avons
adhéré complètement à nos nouvelles valeurs et renforcé ainsi leur importance dans notre vie. En accordant
la priorité à notre développement spirituel, nous avons
constaté que d'autres aspects de notre vie trouvaient
l'occasion de se développer naturellement, comme ils
auraient dû le faire.

Le fait de nous concentrer sur notre développement
spirituel nous a conduits à la onzième étape. Nous sommes devenus de plus en plus conscients de la présence
d'une force à l'œuvre dans notre vie : une puissance qui
pouvait nous rendre la raison et nous libérer de nos
défauts de caractère. En reconnaissant que ses actes
étaient une preuve d'amour, nous avons commencé à
mieux comprendre la nature aimante de notre puissance

supérieure. La gratitude, l'amour inconditionnel et le désir d'être au service de Dieu et des autres ont comblé le vide spirituel que nous connaissions au début de notre rétablissement. Nous avons, sans conteste, vécu un éveil spirituel.

Pour laisser cet éveil se développer, il nous a paru essentiel d'exprimer notre gratitude et d'appliquer les principes du rétablissement dans tous les domaines de notre vie. Toutefois, nous n'agissons pas ainsi dans le seul but de favoriser notre rétablissement personnel. Narcotiques Anonymes n'est pas un programme égoïste. En fait, l'esprit de la douzième étape est fondé sur le principe du service désintéressé. Pour notre propre santé spirituelle autant que pour celle de ceux à qui nous nous adressons, il est de la plus haute importance de garder à l'esprit ce principe au cours de nos efforts pour transmettre le message.

La douzième étape est un paradoxe : plus nous aidons les autres, plus nous nous aidons nous-mêmes. Ainsi, lorsque notre esprit est dérouté et notre foi ébranlée, peu d'actes ont un effet plus immédiat et gratifiant que le fait d'aider un nouveau. Un petit acte de générosité peut faire des merveilles : notre égocentrisme diminue et nous finissons par avoir un meilleur aperçu des problèmes qui nous semblaient auparavant insurmontables. À chaque fois que nous affirmons à quelqu'un que Narcotiques Anonymes marche, nous renforçons notre foi vis-à-vis du programme.

En prenant du service dans Narcotiques Anonymes, beaucoup d'entre nous font le choix de redonner au programme de la même manière qu'ils ont été aidés lorsqu'ils étaient nouveaux. Certains d'entre nous, pour qui la permanence téléphonique avait été le premier contact avec NA ont trouvé gratifiant de servir à leur tour dans ce comité. D'autres ont été attirés par le Comité des hôpitaux & prisons parce que c'est dans de tels établissements qu'ils avaient entendu pour la première fois le message de Narcotiques Anonymes. Quelle que soit notre façon de servir, nous le faisons sans perdre de vue notre but primordial : transmettre le message.

Mais au juste, quel *est* « le message » que nous essayons de transmettre ? Que nous n'avons plus jamais besoin de consommer de la drogue ? Que, grâce au rétablissement, nous cessons d'être candidats aux prisons, aux hôpitaux et à une mort prématurée ? Qu'un dépendant, quel qu'il soit, peut se rétablir de la maladie de la dépendance ? Et bien, c'est tout cela et plus encore. Le message que nous transmettons est que, grâce aux principes contenus dans les douze étapes, nous avons connu un éveil spirituel. Ce que cela signifie pour chacun d'entre nous est le message que nous transmettons à ceux qui cherchent à se rétablir.

Les manières de transmettre le message diffèrent autant que nos membres. Cependant, il existe quelques lignes directrices fondamentales que, en tant que membres de la fraternité, nous avons cru utiles de suivre. Avant tout, nous partageons notre expérience, notre force et notre espoir. Cela veut dire que nous partageons notre expérience et non des théories provenant d'autres sources. Cela veut dire aussi que nous partageons notre expérience *personnelle*, et non celle des autres. Si quelqu'un cherche à se rétablir, il ne nous appartient pas de lui dire avec qui il ou elle devrait travailler ou partager sa vie, comment élever ses enfants, ou toute autre chose qui n'est pas du domaine de notre expérience du rétablissement. La personne que nous essayons d'aider rencontre peut-être des problèmes dans ces domaines ; nous lui serons plus utiles non pas en dirigeant sa vie, mais en lui partageant notre propre expérience dans chacun de ces domaines.

Pour développer un style personnel dans la transmission du message, nous devons rester nous-mêmes. Nous avons chacun une personnalité particulière, unique, qui certainement ne manque pas d'attrait. Certains d'entre nous ont un merveilleux sens de l'humour qui peut soulager quelqu'un dans le désespoir. D'autres sont particulièrement chaleureux et compatissants, et possèdent la capacité de parler à un dépendant qui a peu connu la gentillesse. D'autres encore ont un véritable talent pour dire la vérité, de façon claire et directe, à un dépendant qui désire ardemment l'entendre. Alors que certains d'entre nous représentent un précieux atout pour un comité de service, d'autres font un meilleur travail seul à seul avec un dépendant qui souffre encore. Quel que soit notre tempérament personnel, lorsque nous essayons sincèrement de transmettre le message, nous sommes assurés d'atteindre le dépendant qui cherche à se rétablir.

Néanmoins, il existe des limites à ce que nous pouvons faire pour aider un dépendant. Nous ne pouvons forcer personne à arrêter de consommer. Nous ne pouvons faire à personne « le don » du résultat de notre travail des étapes, pas plus que nous ne pouvons progresser à sa place. Nous n'avons pas le pouvoir de faire disparaître d'un coup de baguette magique la solitude ou la souffrance chez les autres. Nous ne sommes pas seulement impuissants devant notre dépendance, nous sommes aussi impuissants devant celle des autres, de tous les autres. Nous avons la possibilité de transmettre le message, mais nous ne pouvons déterminer qui le recevra.

En aucune façon, nous ne pouvons nous mêler de décider qui est prêt ou non à entendre notre message de rétablissement. Beaucoup d'entre nous, qui n'avaient pas cru au désir de se rétablir de tel ou tel dépendant, se sont trompés. De multiples rechutes ne traduisent pas nécessairement un manque d'intérêt pour le rétablissement, pas plus qu'une conduite « modèle chez un nouveau membre » n'apporte indubitablement une « certitude de réussite. » Partager de façon inconditionnelle notre message de rétablissement avec quiconque exprime le désir de l'entendre est notre but ainsi que notre privilège.

Le principe de l'amour inconditionnel s'exprime dans notre attitude. Quiconque demande de l'aide a droit à notre compassion, à notre attention et à notre acceptation inconditionnelles. Quel que soit son temps d'abstinence, tout dépendant doit pouvoir épancher sa souffrance dans une atmosphère libre de jugements. Pour la plupart, nous avons découvert en nous une capacité à ressentir une grande empathie envers ceux qui souf-

frent de notre maladie, précisément parce que cette
maladie est *la nôtre*. Notre empathie n'est pas abstraite,
pas plus que notre compréhension. Au contraire, elles
naissent de l'expérience partagée. Nous nous saluons
et nous accueillons les uns les autres avec la reconnaissance réservée aux survivants d'une même catastrophe.
Plus que tout autre chose, cette expérience partagée
contribue à l'atmosphère d'amour inconditionnel de
nos réunions.

Aider les autres est peut-être ce à quoi aspire le plus
le cœur d'un être humain, et c'est une mission dont
nous avons été investis depuis qu'une puissance supérieure intervient dans notre vie. Il serait bon de nous rappeler de demander à Dieu tel que nous le concevons de
continuer à œuvrer en nous afin d'inspirer nos efforts pour
transmettre le message. La pratique diligente des principes du rétablissement assurera le maintien de notre lien
avec notre puissance supérieure et enracinera profondément dans la spiritualité notre désir de servir les autres.

La spiritualité devient pour nous un mode de vie à
mesure que nous vivons selon les principes du rétablissement. Une vie vécue selon ces principes est peut-être
le message le plus fort que nous pouvons transmettre.
Nous n'avons pas besoin d'attendre d'être « en »
deuxième étape pour pratiquer le principe qui consiste
à être ouverts d'esprit. Le courage et l'honnêteté conti-
nuent d'avoir leur place dans notre vie même si nous ne
sommes pas en train d'écrire notre inventaire. L'humilité
est toujours recommandée, que ce soit au moment où
nous demandons à Dieu tel que nous le concevons de

nous enlever nos défauts de caractère, pendant que nous traitons une affaire avec un associé ou au cours d'une conversation avec un ami.

La mise en pratique des principes du rétablissement dans tous les domaines de notre vie est ce à quoi nous aspirons. Tant à l'intérieur qu'à l'extérieur des réunions, quelles que soient les personnes et les difficultés que nous rencontrons, nous plaçons les principes du rétablissement au centre de notre vie. Ce n'est que grâce à la pratique de ces principes dans notre vie quotidienne que nous pouvons espérer atteindre la croissance spirituelle nécessaire à une rémission durable de notre maladie de la dépendance. Cela peut paraître ambitieux, mais nous nous sommes aperçus que ce but était réalisable. Notre reconnaissance envers le cadeau du rétablissement devient la force intrinsèque de tout ce que nous entreprenons ; elle nous motive et pénètre notre vie comme celles de ceux qui nous entourent.

Notre gratitude dépasse les mots, mais elle s'exprime plus clairement lorsque nous pratiquons les principes du rétablissement et donnons de façon désintéressée à ceux que nous rencontrons sur notre chemin. Nous poursuivons l'aventure de notre voyage spirituel, notre vie s'enrichit, notre esprit s'éveille et nos horizons s'élargissent indéfiniment. Notre travail des douze étapes de Narcotiques Anonymes a renouvelé l'essence de notre être et ravivé la flamme de vie que notre maladie avait pratiquement éteinte. Le voyage que nous sommes sur le point d'entreprendre commence par le chemin que jalonnent ces étapes.

# LIVRE DEUX
## Les Douze Traditions

◇

La seconde partie de cet ouvrage est consacrée aux traditions. Elle est destinée aux groupes comme aux membres de Narcotiques Anonymes, et examine plus particulièrement les principes spirituels que ces traditions contiennent. Elle incite le lecteur à en étudier l'esprit et non la lettre, tout en proposant une base à la réflexion et à la discussion. Elle n'a pas pour but de satisfaire entièrement les besoins de chaque groupe ou de chaque membre. Au contraire, elle espère susciter la réflexion et autoriser une interprétation pratique de ces principes en fonction des besoins locaux.

# PREMIÈRE TRADITION

*« Notre bien commun devrait passer en premier ; le rétablissement personnel dépend de l'unité de NA. »*

Nous ne pouvons nous faire une idée de ce qu'est Narcotiques Anonymes en nous fondant uniquement sur notre première réunion ou sur celles de notre voisinage. Nous faisons partie d'un ensemble beaucoup plus vaste. Localement, comme dans le monde entier, des dépendants utilisent les principes de Narcotiques Anonymes dans leur rétablissement personnel. Au début de notre rétablissement, nous avons appris que nous avions besoin les uns des autres pour rester abstinents ; à présent, nous prenons conscience que les réunions de NA, les groupes, c'est-à-dire nous tous, sont interdépendants. Dans NA, nous sommes tous égaux et nous avons tous intérêt à en maintenir l'unité, source de notre bien commun. L'esprit d'unité est ce qui rassemble des milliers de dépendants du monde entier au sein d'une fraternité spirituelle qui a le pouvoir de transformer leur vie.

Une façon de définir la notion de placer notre bien commun en premier, est de dire que chacun d'entre nous est responsable du bon fonctionnement de NA. Au cours de notre rétablissement, nous avons découvert qu'il est difficile de vivre abstinent sans le soutien des autres membres. Notre rétablissement dépend de réunions tenues régulièrement, des dépendants en rétablissement qui y participent, et des parrains ou marraines

qui partagent avec nous leur manière de rester abstinents. Les membres qui ne peuvent assister à des réunions dépendent, comme les autres, du soutien d'amis
dépendants qu'ils reçoivent par le biais du téléphone
ou de la poste ou encore par les groupes de NA pour
personnes isolées. De même que chaque membre
compte sur le soutien de la fraternité pour sa propre
survie, celle de NA dépend de chacun de ses membres.

La première tradition ne nous incite pas seulement à
placer notre bien commun en premier, elle encourage
aussi les groupes en ce sens. Beaucoup d'entre eux
gèrent par eux-mêmes la majorité de leurs activités.
Cette gestion hebdomadaire et l'autonomie dont ils
jouissent peuvent leur faire perdre de vue l'ensemble
dont ils font partie. Chaque groupe est un maillon de la
structure de Narcotiques Anonymes ; sans cette structure, NA n'existerait pas. L'importance accordée à l'unité
incite nos groupes à tenir compte, au-delà de leur petit
univers, des besoins communs à l'ensemble de la fraternité mondiale de Narcotiques Anonymes, et à placer le bien commun de cet ensemble avant le leur.

La relation décrite dans la première tradition implique une réciprocité. Les groupes travaillent ensemble
dans un esprit de coopération pour assurer l'existence
de Narcotiques Anonymes ; en retour, ces groupes reçoivent force et soutien de la part de tous les autres
groupes ainsi que de l'ensemble de nos services. La
force de notre engagement mutuel envers Narcotiques
Anonymes forme l'unité qui nous lie en dépit de tout
ce qui pourrait nous diviser. Le bien commun de NA

dépend de la croissance soutenue et de la vitalité de la fraternité dans toutes les parties du monde. L'engagement que nous partageons tous envers notre rétablissement et notre bien commun, permet à chacun d'avoir un rôle personnel dans l'unité de NA. Les réunions nous font découvrir un espace où nous sommes chez nous, où nous rencontrons de nouveaux amis et où nous pouvons entrevoir l'espoir d'une vie meilleure. Entre les membres d'un groupe et nous se développe une relation faite d'attention et de sollicitude. Nous apprenons à nous traiter avec bienveillance et respect, nous faisons de notre mieux pour nous soutenir les uns les autres et pour aider notre groupe. Parfois, notre simple présence est suffisante pour nous réconforter les uns les autres ; à d'autres moments, un coup de téléphone ou bien une lettre pour dire simplement bonjour peuvent faire toute la différence. Les relations que nous avons avec les autres dépendants sont une source de force dans notre rétablissement personnel. Petit à petit, nous comptons sur les réunions et sur nos amis de NA pour trouver du soutien. L'unité qui transparaît au sein des réunions n'est pas uniquement une manifestation de notre confiance en ce soutien : elle reflète aussi la confiance que nous partageons mutuellement envers les principes spirituels et une puissance supérieure.

Dans NA, l'unité commence, pour nous, par la reconnaissance de la valeur thérapeutique de l'aide apportée par un dépendant à un autre. Cette aide peut se manifester sous diverses formes comme parrainer ou marrainer un dépendant ou une dépendante, ou participer avec d'autres à l'ouverture de nouvelles réunions, permettant ainsi à un plus grand nombre de dépendants d'accéder au programme. Les nouveaux groupes naissent souvent du fait que des membres d'un groupe bien établi décident d'en fonder un autre. Le partage de la responsabilité renforce le bien commun et suscite l'unité parmi les membres de NA travaillant ensemble. Les groupes prospèrent grâce au soutien attentionné que nos membres s'apportent mutuellement. Nous consolidons notre unité en participant chacun au rétablissement de tous.

L'unité dont il est question dans la première tradition n'a rien à voir avec l'uniformité. Les membres de notre fraternité proviennent de milieux très différents. Ils apportent avec eux une grande diversité d'idées et de talents. Cela enrichit la fraternité et donne naissance à de nouvelles manières d'atteindre les dépendants qui ont besoin de notre aide. Notre but – transmettre le message au dépendant qui souffre encore – offre à chacun la possibilité de servir. Lorsque nous sommes unis pour servir ce but, nos différences ne peuvent plus nuire au bien commun. Travailler ensemble à notre bien-être mutuel est une importante source d'unité au sein de Narcotiques Anonymes.

Alors que nous considérons souvent notre unité comme un sentiment ou un état de fait, celle-ci exige de chacun de nous un sens de l'engagement et des responsabilités. L'unité qui sous-tend notre bien commun n'est pas le fruit du hasard. Par exemple, lorsque nous

nous engageons personnellement et de manière responsable à soutenir notre groupe d'appartenance, nous favorisons l'unité de NA et travaillons au bien commun de la fraternité tout entière. Notre engagement envers l'unité fortifie nos groupes et nous permet de transmettre un message d'espoir. Dans cette atmosphère d'espoir, nos réunions s'épanouissent. En conjuguant nos efforts, la fraternité grandit et notre bien commun s'accroît. La communication tient une grande part dans l'édification et le renforcement de notre bien commun. Grâce à l'ouverture d'esprit, nous nous efforçons de comprendre les points de vue des autres. Naturellement, les comptes rendus que nous lisons peuvent être d'une grande utilité pour s'informer de ce qui se passe dans les groupes ou dans les régions, mais notre bien commun ne dépend pas uniquement de l'information. La véritable communication passe par un effort « d'attention » de notre part au moment où nous prenons connaissance de comptes rendus, afin de mieux chercher à comprendre les besoins et les problèmes de notre groupe comme ceux des autres groupes, où qu'ils se trouvent. Encourager chaque membre à s'exprimer ouvertement et sincèrement améliore notre capacité à travailler ensemble. La lecture régulière des comptes rendus, les discussions en profondeur et une écoute active favorisent la compréhension des choses et nous aident à découvrir des solutions originales bénéfiques pour tous.

Les décisions d'aujourd'hui peuvent affecter les membres de demain. Lorsque nous recherchons des solutions à nos problèmes du moment, nous n'avons aucune difficulté à voir les besoins de notre groupe, de notre région ou même de la fraternité mondiale. Cependant, dans nos discussions, il est important de ne pas oublier les « membres invisibles », ceux qui ne sont pas encore là. Lorsque nous œuvrons pour la bonne santé de NA, nous ne le faisons pas seulement pour nous-mêmes, mais aussi pour ceux qui viendront plus tard.

L'unité qui favorise le bien commun ne s'établit pas uniquement en travaillant ensemble mais aussi en s'amusant ensemble. Les amitiés qui se nouent hors des réunions consolident l'unité de NA. Les activités de la fraternité nous fournissent des occasions de détente, de divertissement et de rencontre. Les conventions, les fêtes et les anniversaires nous donnent l'occasion de célébrer notre rétablissement tout en nous entraînant à nous comporter en société. Par ailleurs, les pique-niques, les soirées ou les activités sportives permettent souvent à nos familles de se joindre, elles aussi, à nous. Nous renforçons notre sentiment d'appartenance lorsque nous passons du temps ensemble hors des réunions. En s'intéressant à la vie des uns et des autres, des relations plus fortes se nouent. La sollicitude et la compréhension qui naissent de tels liens tissent la trame de l'unité de NA.

## Application des principes spirituels

Les douze étapes de NA nous apprennent à appliquer des principes dans le but d'améliorer notre vie. Le caractère miraculeux que représente pour chacun le rétablissement nous donne envie de tendre la main aux autres pour qu'ils en bénéficient. C'est là que se trouve l'essence même du service dans NA. Le maintien de notre unité implique, avant tout, d'appliquer des principes qui guident notre comportement. Au niveau des groupes, les lignes de conduite que nous adoptons s'inspirent des mêmes principes qui guident notre vie personnelle. L'unité qui en découle nous rend plus aptes à tendre la main aux autres et renforce ainsi notre bien commun. Parmi les principes particulièrement importants pour la sauvegarde de l'unité, citons la capitulation et l'acceptation, l'engagement, le désintéressement, l'amour et l'anonymat. La pratique de ces principes nous en fera découvrir d'autres qui renforcent tout autant notre unité.

La capitulation et l'acceptation ouvrent la voie pour l'unité. Au fur et à mesure que grandit notre confiance en une puissance supérieure, laisser de côté nos désirs personnels n'est plus aussi difficile et nous ne luttons plus autant pour arriver à nos fins. Grâce à la capitulation, travailler ensemble dans un groupe se fait plus facilement. La première tradition nous permet d'imaginer les dépendants du monde entier collaborant ensemble afin de s'entraider dans leur rétablissement. Nous essayons de garder ce but en vue dans tous les actes que nous accomplissons, au plan individuel comme au niveau du groupe. Si nous voyons que nos desseins personnels ou ceux de notre groupe sont en contradiction avec cet idéal, l'unité commande que nous renoncions à nos propres désirs et que nous nous conformions à l'intérêt supérieur de Narcotiques Anonymes. C'est seulement en acceptant de faire partie de l'ensemble que nous consolidons l'unité essentielle à notre survie personnelle.

L'engagement est une autre composante essentielle de l'unité. Notre engagement personnel envers le but que nous partageons est un des liens qui nous unissent. Lorsque nous nous déclarons membres de NA, et que nous nous engageons à le rester, nous devenons un élément parmi un ensemble plus grand. Notre sentiment d'appartenance à NA est étroitement lié à notre degré d'engagement dans le rétablissement. Dans le cadre du groupe, la force combinée de l'engagement de chacun représente un moteur puissant pour servir les autres. Grâce à la fermeté de cet engagement, nous sommes en mesure de transmettre le message d'espoir qui nous soutiendra tous dans notre rétablissement.

Notre engagement est une décision qui s'étaye sur notre conviction que NA est un mode de vie. Assister régulièrement aux réunions est une manière de montrer que nous en sommes convaincus. Accueillir dans les réunions les nouveaux et les nouvelles, ou donner notre numéro de téléphone à quelqu'un qui a besoin d'aide, traduit cette décision. Préparer la salle avant une réunion, partager au cours de celle-ci ou parrainer/marrainer un dépendant représentent autant de moyens d'exprimer notre engagement. Chaque membre de NA peut s'investir dans le service à un niveau qui lui permet de maintenir un programme de rétablissement équilibré.

Le désintéressement est aussi un élément indispensable à l'unité. Les principes que nous enseignent les étapes nous aident à lâcher prise sur notre égoïsme, et à servir les autres avec amour. Pour la bonne santé des groupes, nous faisons passer les besoins de notre groupe avant nos désirs personnels. Entre groupes, ce principe s'applique également. En ne cherchant pas à imposer les désirs de notre groupe nous pouvons mieux faire valoir les besoins de la fraternité et chercher des solutions qui renforcent notre bien commun. Notre capacité à survivre en tant que fraternité ou à transmettre le message dépend de notre unité.

L'amour est un principe qui s'exprime entre nous par la bienveillance. Dans nos réunions, nous contribuons à l'unité en étant aimables dans notre manière de communiquer et de se traiter les uns les autres. Nous essayons de partager notre expérience, notre force et notre espoir d'une manière qui montre que le rétablissement est possible au sein de Narcotiques Anonymes. L'amour et la sollicitude qui règnent dans nos réunions permettent aux membres de se sentir à l'aise et en sécurité. L'amour que nous nous portons réciproquement est d'un indéniable attrait pour les nouveaux et les nouvelles, celui-ci nous renforce tous en nourrissant notre sens de l'unité et du bien commun.

L'anonymat, la base spirituelle de toutes nos traditions, consolide également l'unité de NA. Lorsque nous appliquons ce principe à la première tradition, nous sommes en mesure de voir au-delà des différences qui pourraient nous diviser. Dans le contexte de l'unité, l'anonymat veut dire que le message de rétablissement s'adresse à tous les dépendants qui désirent l'entendre. Nous apprenons à laisser de côté nos préjugés et à ne voir que notre identité commune, celle de personnes aux prises avec la maladie de la dépendance. Concernant le bien commun de Narcotiques Anonymes, nous avons tous les mêmes droits et les mêmes responsabilités.

De même que l'anonymat est la base *spirituelle* de nos traditions, l'unité dont il est question dans la première tradition est la base *concrète* à partir de laquelle nous pouvons constituer des groupes forts et prospères. Toutes les traditions qui suivent, en rappelant à chaque membre de la fraternité et à chaque groupe l'importance vitale de notre bien commun, s'appuient sur la force de notre unité. Grâce à cette unité, et à la base concrète qu'elle représente pour nous, nous découvrons que les relations que nous entretenons les uns avec les autres ont plus d'importance que les problèmes qui peuvent surgir pour nous diviser. Les problèmes, les désaccords ne doivent pas prendre le pas sur le besoin de nous soutenir les uns les autres. L'importance fondamentale que prend notre bien commun renforce notre compréhension de toutes les autres traditions. Le simple fait de réfléchir en terme d'unité avant d'entreprendre quoi que ce soit, nous permet de trouver une solution à de nombreuses difficultés. Il nous suffit de nous demander si notre décision sera la source de rapprochement ou de division.

L'unité est l'esprit qui relie les dépendants du monde entier au sein d'une fraternité spirituelle qui à le pouvoir de changer nos vies. En nous efforçant de dépasser nos idées personnelles et de voir au-delà des intérêts de notre propre groupe, nous en venons à comprendre que le bien commun de NA dans son ensemble doit passer en premier. Grâce à notre confiance en une puissance supérieure qui nous aime, nous trouvons la force de travailler ensemble dans le même but : celui du rétablissement de la dépendance. Dans cet esprit d'unité, renforcé par la confiance, nous sommes prêts à travailler ensemble pour notre bien commun.

# DEUXIÈME TRADITION

*« Dans la poursuite de notre objectif commun, il n'existe
qu'une autorité ultime : un Dieu d'amour tel qu'il peut se
manifester dans la conscience de notre groupe. Nos dirigeants
ne sont que des serviteurs en qui nous avons placé notre
confiance ; ils ne gouvernent pas. »*

La deuxième tradition s'ancre sur le fondement con-
cret de la première tradition : l'unité découlant de la
force de notre engagement envers le rétablissement
dans Narcotiques Anonymes. Cet engagement qui se
reflète dans le service et œuvre pour notre bien commun se traduit concrètement par le soutien que nous
apportons à un groupe, le partage avec d'autres membres, le parrainage/marrainage, ou toute autre façon de
tendre la main à d'autres dépendants. Le but des groupes est aussi de servir et transmettre le message. Toutes nos activités relatives au service s'articulent autour
de cet objectif. Cependant, sans lignes de conduite, nos
services risqueraient de n'avoir aucune cohérence. Pour
nous guider dans le service, nous faisons appel à une
puissance supérieure et à son conseil.

Pour nous tous, servir procède de l'application des
principes. Idéalement, le service se fonde sur notre relation avec une puissance supérieure, celle-là même qui
guide notre rétablissement personnel. Cette puissance
supérieure guide aussi les diverses activités de notre
fraternité. Notre orientation dans le service est influen-
cée par notre écoute de Dieu tel que nous le concevons, qu'il s'agisse de service effectué par les membres,

les groupes, les comités ou les conseils de service. Chaque fois que nous nous réunissons, nous sollicitons l'assistance de cette puissance supérieure pleine d'amour, et cherchons à orienter toutes nos décisions sur ce qu'elle nous inspire.

Nous avons tous notre opinion sur la manière de servir efficacement. Cependant, au moment d'entreprendre quelque chose, de quelle manière allons-nous agir si chacun propose son plan d'action ? Qui a le dernier mot dans nos discussions ? Le dernier mot appartient à un Dieu d'amour, source de notre unité, la puissance supérieure qui guide notre rétablissement personnel.

Si nous voulons qu'une autorité ultime inspire nos décisions, il faut nous rassembler et être à son écoute. Ce procédé consiste à former une conscience de groupe ; son efficacité dépend de l'aptitude de chacun à faire appel à sa propre puissance supérieure. Cette aptitude est ensuite mise à profit dans le cadre du groupe.

Lorsque nous mettons les étapes en pratique et que nous appliquons leurs principes dans notre vie, une chose importante se produit : nous prenons conscience de notre comportement et de ses conséquences sur nous et sur les autres. En d'autres termes, une conscience émerge en nous. Celle-ci reflète notre relation avec une puissance supérieure. Elle reflète notre écoute de Dieu tel que nous le concevons et traduit notre engagement à nous laisser guider par lui. Chaque fois que nous nous réunissons, nous pouvons assister à l'émergence d'une conscience collective. Cette conscience est le reflet de la relation qu'entretiennent nos membres avec une puissance supérieure d'amour. Lorsque nous faisons régulièrement appel à cette conscience collective, elle nous guide dans la poursuite de notre but primordial, et préserve notre unité et notre bien commun. Nous pouvons nous représenter la conscience de groupe à peu près de la même manière que la conscience individuelle. La conscience de groupe est l'expression d'une prise de conscience collective, d'une compréhension des principes spirituels et d'un désir de les utiliser. La conscience d'un groupe prend forme et se révèle lorsque ses membres prennent le temps de discuter entre eux de leurs besoins, des besoins du groupe et des besoins de NA dans son ensemble. Lorsqu'il partage en groupe, chaque membre s'inspire de sa relation avec une puissance supérieure. Dans la mesure où nous écoutons attentivement et faisons appel à notre conception personnelle d'un Dieu d'amour, les solutions qui prennent en considération les besoins de chacun deviennent évidentes. La conscience de groupe fait apparaître un consensus, ou tout au moins une compréhension mutuelle et claire des choses. Le groupe peut procéder à un vote quand il veut prendre une décision fondée sur le partage de la conscience du groupe. Toutefois, il est préférable que le groupe débatte jusqu'à l'obtention de l'unanimité. Cette discussion peut généralement conduire à une solution d'une telle évidence que le vote devient alors inutile.

La conscience du groupe n'est ni fixe ni rigide. Nous savons que la conscience de chacun se modifie au fur et à mesure que se développe et s'étoffe sa relation avec une puissance supérieure. De la même manière, la conscience d'un groupe évolue lorsque ses membres progressent dans le rétablissement, quand de nouveaux membres arrivent ou si les conditions du groupe changent. La conscience de groupe est un processus qui varie selon les circonstances. On ne peut raisonnablement s'attendre à ce que la solution ponctuelle d'un groupe face à un problème puisse être utilisable par un autre ; d'ailleurs, appliquée à un autre moment, cette solution risque de ne plus du tout convenir. Les principes mis en pratique dans la conscience de groupe demeurent toujours les mêmes, mais les conditions de leur application et les situations changent perpétuellement. Aussi, une modification des solutions peut être requise en fonction des circonstances. Chaque fois qu'un problème se pose, il est important de faire appel à la conscience du groupe afin d'obtenir l'aide d'une puissance supérieure d'amour.

Se soumettre à la conscience de groupe signifie que nous laissons une puissance supérieure d'amour guider l'évolution de notre fraternité. Persuadés de bien faire par souci du bien commun de la fraternité, nous sommes parfois tentés de prendre le contrôle de la gestion quotidienne de notre groupe, de notre conseil de service ou de notre comité. Toutefois, au fur et à mesure que notre confiance grandit, nous nous rendons compte que le groupe est conduit par une puissance supérieure d'amour. Notre foi en cette puissance supérieure se manifeste dans notre bonne volonté à exécuter la décision exprimée par la conscience de groupe, avec la ferme conviction que tout ira bien.

Tout groupe, conseil ou comité peut s'enliser dans des désaccords ou se noyer dans des problèmes apparemment insurmontables. Dans de telles situations, au lieu de se focaliser sur nos problèmes, il est important de revenir sur les principes du programme et sur les solutions qu'ils inspirent. Il est possible de parvenir à un accord lorsque chacun cesse de se mettre en avant et que nous laissons agir une puissance supérieure d'amour.

C'est seulement lorsque nous nous mettons à l'écoute d'une puissance supérieure que nous sommes en mesure de saisir ce qu'elle peut nous inspirer. La conscience d'un groupe s'exprime plus clairement lorsque tous les membres sont considérés comme égaux. Une puissance supérieure œuvre en chacun de nous, quels que soient notre expérience ou notre temps d'abstinence. La conscience du groupe est toujours présente, mais nous ne sommes pas toujours aptes ou disposés à lui prêter attention, ni à lui permettre de s'exprimer. L'écoute de la conscience du groupe peut demander du temps et de la patience. Une approche souple fait une place à une puissance supérieure d'amour dans l'élaboration de notre conscience de groupe.

Au cours de notre rétablissement personnel, nos pensées et nos actes évoluent grâce à l'abstinence et au progrès spirituel. Notre état ne s'améliore pas du jour au lendemain et, parfois, notre croissance est irrégulière et sporadique. La croissance et la maturation de notre fraternité connaissent, elles aussi, ce type d'évolution. Tandis que nos groupes évoluent et se multiplient, nos ressources varient ainsi que nos besoins. Les groupes changent de serviteurs de confiance, de format ou de lieu de réunions en fonction de leurs ressources et de leurs besoins ; les comités de service augmentent le nombre de leurs sous-comités, aident de nouvelles régions ou associent leurs efforts à ceux d'autres comités. Malgré cela, nous avons parfois l'impression de ne pas avancer. De même que le rétablissement personnel ne progresse pas toujours dans l'ordre et le calme, notre fraternité n'évolue pas toujours comme nous le souhaitons. Au fur et à mesure que les groupes et les comités se développent, leur conscience collective évolue aussi. Ces modifications dans la conscience des groupes ne doivent pas donner matière à inquiétude, elles ne sont que des épisodes de croissance.

Lorsqu'un groupe ou un comité connaît la direction vers laquelle nous a orientés une puissance supérieure d'amour, il peut demander à certains de ses serviteurs de la mettre en pratique. Ceux-ci ne sont pas sélectionnés du fait qu'ils sont meilleurs que les autres. Dans NA, diriger est un service et ne place personne dans une catégorie supérieure. C'est pour cette raison que nos dirigeants sont appelés des *serviteurs de confiance*.

Lorsque nous choisissons un de nos membres pour servir dans un domaine quelconque, une confiance mutuelle est de règle. Nous accordons notre confiance à la conscience qui a influencé notre choix puisqu'elle reflète notre relation collective avec une puissance supérieure. Nous étendons cette confiance aux membres que nous avons choisis pour nous servir. Nous sommes sûrs qu'ils appliqueront nos principes dans les actes qu'ils entreprendront, qu'ils s'attacheront à bien partager les informations qu'ils détiennent, et qu'ils travailleront à la bonne marche du groupe pour le bien commun de notre fraternité. La relation entre les serviteurs de confiance et le groupe est réciproque : les membres que nous avons choisis pour nous servir sont invités à le faire avec dévouement et fidélité, et ceux qui les ont élus ont la responsabilité de les soutenir.

Lorsqu'on nous demande de servir, nous comprenons que nous sommes responsables envers une puissance supérieure d'amour, telle qu'elle s'exprime dans la conscience du groupe. Nous prenons conscience de cette responsabilité en abordant le service avec amour et désintéressement. Les principes contenus dans les traditions s'appliquent à tous nos actes. Nous pouvons compter sur notre conscience individuelle comme sur notre conscience collective, pour nous guider dans les tâches que nous aurons à accomplir.

Le lien avec la conscience du groupe s'établit d'autant mieux lorsque, en tant que serviteurs de confiance, nous alimentons en permanence le groupe d'informations honnêtes et ouvertes ; ce lien se trouve encore renforcé lorsque nous nous attachons à servir et non à gouverner. Nous facilitons l'élaboration de la conscience de groupe conformément à une puissance supérieure, à l'échelle du groupe ou d'un comité, en présentant régulièrement des informations complètes et impartiales.

Les idées ou les suggestions du groupe sont ensuite transmises par la façon dont nous exprimons cette conscience. Nos serviteurs de confiance nous dirigent mieux lorsqu'ils donnent l'exemple. Dans l'idéal, nous les choisissons en nous fondant sur les principes de rétablissement qu'ils appliquent pour eux-mêmes. Nous les incitons à rester ouverts aux idées nouvelles, à se tenir bien informés de tous les aspects du service et les encourageons dans la poursuite de leur rétablissement. Ces atouts sont essentiels à leur capacité de servir la fraternité.

## Application des principes spirituels

Dans ce chapitre, nous constations plus haut que le service, sur le plan individuel, découle d'une mise en pratique de principes. Cette mise en pratique nous incite à demander conseil. Nous parlons à notre parrain ou à notre marraine, nous partageons avec nos amis de NA et nous écoutons ce que nous suggère notre puissance supérieure. Dans la deuxième tradition, les principes importants sont la capitulation, la foi, l'humilité, l'ouverture d'esprit, l'honnêteté et l'anonymat.

Nous commençons par capituler devant notre autorité ultime, Dieu tel que nous le concevons, avec qui nous avons pu établir une relation personnelle. En l'occurrence, nous nous soumettons aux choix suggérés par cette puissance supérieure tels qu'ils nous sont révélés par notre conscience de groupe. Nous réaffirmons ensuite notre engagement à œuvrer pour le bien commun de NA en plaçant les besoins de la fraternité avant nos propres désirs.

La foi consiste à passer à l'action en faisant confiance à une puissance supérieure d'amour. L'application de ce principe spirituel nous permet de nous soumettre à la conscience du groupe non pas avec peur mais avec espoir. Elle est un rappel constant que nos décisions s'inspirent d'une puissance plus grande que celle dont nous disposons. La foi requiert du courage, car nous la mettons souvent en pratique en dépit de notre anxiété. Notre foi se renforce quand nous constatons qu'une puissance supérieure d'amour est bel et bien à l'œuvre au sein de notre fraternité.

L'humilité, dans sa pratique, découle d'une estimation juste de nos forces et de nos faiblesses. Cette estimation est un élément indispensable à la capitulation. L'humilité nous aide à mettre de côté nos désirs personnels pour mieux servir notre fraternité. Nous nous tournons vers l'humilité, avant tout, pour nous rappeler qu'individuellement nous n'avons pas la capacité de diriger Narcotiques Anonymes. Cela nous rappelle que notre force provient d'une puissance supérieure d'amour.

En pratiquant l'humilité dans le service, nous faisons place à l'ouverture d'esprit. Nous n'oublions pas que, tout comme nous avons besoin de leur expérience pour nous rétablir, nous devons nous efforcer de rechercher les conseils et les idées des autres dépendants. Nous apprenons à développer notre don d'écoute en faisant davantage appel, au cours de nos discussions, à l'oreille plutôt qu'à la parole. Lorsque nous sommes ouverts, nous écoutons les autres et acceptons les solutions qu'ils apportent pendant le déroulement de la conscience de groupe. L'application de ce principe nous permet de laisser de côté nos préjugés afin de travailler ensemble. En pratiquant l'ouverture d'esprit, nous devenons pleins de bonne volonté envers les autres et prêts à servir sans perdre de vue notre bien commun. L'ouverture d'esprit est une condition nécessaire pour tirer partie de l'écoute d'une puissance supérieure d'amour.

L'intégrité commande d'appliquer, de façon cohérente, des principes spirituels quelles que soient les circonstances. Les dirigeants qui font preuve d'une telle qualité inspirent notre confiance. Notre service s'accomplit au mieux lorsque nous respectons véritablement la confiance que les autres ont placée en nous. Le degré de fidélité et d'attachement à cette confiance reflète l'honnêteté personnelle de nos serviteurs. Lors du choix des membres qui vont servir la fraternité, ce principe nous sert souvent d'indice de confiance.

L'anonymat nous rappelle que nous sommes tous égaux dans Narcotiques Anonymes. Aucun membre ni groupe n'a le monopole de connaître la volonté d'une puissance supérieure. Nous pratiquons l'anonymat en montrant de l'amour, de l'attention et du respect à chacun, quels que soient nos sentiments personnels. Chaque membre tient son rôle dans le déroulement de la conscience de groupe. Nous sommes tous égaux devant la manifestation d'un contact conscient avec une puissance supérieure telle que nous la concevons.

La deuxième tradition guide nos relations avec les autres. Une puissance supérieure d'amour est source de conseil pour l'ensemble de la fraternité. Cette puissance supérieure est aussi à l'origine des principes que nous appliquons lorsque nous servons. Ces principes sont aussi utiles pour les individus que pour les groupes, conseils ou comités de service.

Le service est destiné à ceux que nous servons. Tendre la main aux dépendants, leur permettre de s'identifier, les accueillir lorsqu'ils franchissent la porte des réunions pour la première fois, et faire en sorte qu'ils reviennent, constitue le domaine dans lequel nous excellons. Nous sommes tous capables de servir en ce sens. Notre aptitude à aider les autres est encore plus grande si nous sommes à l'écoute d'une puissance supérieure d'amour.

Le service dans la fraternité de Narcotiques Anonymes a ses récompenses. Lorsque dans notre vie quotidienne, nous mettons les principes spirituels en pratique, nous renforçons notre relation avec notre puissance supérieure, tout comme notre relation avec le groupe ou la fraternité. Le service dans NA est une expérience pleine d'enseignements, qui favorisent notre croissance personnelle. Nous commençons à regarder au-delà de nos propres intérêts, et laissons de côté notre vision égocentrique de la vie afin de mieux servir l'ensemble. En retour, le service désintéressé nous apporte une récompense de nature spirituelle.

# TROISIÈME TRADITION

*« La seule condition requise pour devenir membre de NA est le désir d'arrêter de consommer. »*

Partout dans le monde, Narcotiques Anonymes propose son programme de rétablissement aux dépendants. Nous nous concentrons sur la maladie de la dépendance et non sur une drogue en particulier. Notre message est d'un caractère suffisamment universel pour que des dépendants de toutes classes sociales ou nationalités lui trouvent de l'attrait. Lorsque de nouveaux membres arrivent pour la première fois en réunion, nous nous intéressons seulement à leur désir de se libérer de la dépendance active et à ce que nous pouvons faire pour les aider.

Si la troisième tradition permet à NA de proposer le rétablissement à un si grand nombre de dépendants, c'est qu'elle nous dispense d'avoir à déterminer parmi eux qui est un membre potentiel et qui ne l'est pas. Elle élimine la nécessité d'avoir des comités de sélection ou d'adhésion. On ne nous demande pas d'évaluer les aptitudes des uns ou des autres à se rétablir. Puisque la seule condition requise pour devenir membre est le désir d'arrêter de consommer, nous n'avons aucune raison, en tant que membres, de nous juger les uns les autres.

Ce désir n'est pas quantifiable. Il habite le cœur de chaque membre. Puisque l'unique condition pour devenir membre exclut toute évaluation préalable, les portes de nos réunions doivent être grandes ouvertes à tous les dépendants qui désirent se joindre à nous. Il est recommandé de leur manifester, dans nos salles, l'attention et l'amour qui ont permis à chacun d'entre nous d'éprouver un sentiment d'appartenance. En nous incitant à faire bon accueil aux autres, la troisième tradition permet la croissance de la fraternité.

Devenir membre de NA est une décision personnelle. Nous sommes prêts à donner beaucoup de nous-mêmes pour aider un dépendant à prendre délibérément cette décision et lui permettre ainsi de s'engager sur la voie du rétablissement. Nous faisons tout ce qui est en notre pouvoir pour qu'il se sente à l'aise dans nos groupes : nous l'accueillons à la porte, nous partageons avec lui avant ou après la réunion et nous échangeons nos numéros de téléphone. Nous essayons de faire en sorte qu'aucun dépendant assistant à nos réunions ne se sente mis à l'écart. Dans la mesure du possible, nous choisissons des lieux de réunions faciles d'accès. Nous nous efforçons d'adopter un format qui donne à nos réunions une atmosphère chaleureuse. Et par-dessus tout, nous encourageons chaque dépendant à revenir.

L'intensité du désir d'arrêter de consommer d'un dépendant n'est pas forcément liée à une circonstance extérieure. Pour quelle raison un dépendant demeure-t-il abstinent alors qu'un autre retourne consommer ? Personne ne peut déterminer à l'avance qui va se rétablir et qui va retourner à la dépendance active. Les types de drogues utilisées ou les antécédents de consommation ne nous sont d'aucune aide. L'âge d'un dépendant ou le nombre d'années pendant lesquelles il a consommé, le fait qu'il soit un homme ou une femme, ou d'autres facteurs de cet ordre, ne permettent pas de prédire un meilleur taux de réussite. Nous n'avons aucun moyen de mesurer le désir d'autrui de rester abstinents, et n'avons pas davantage celui de déterminer qui est ou non apte à se joindre à nous. La liberté de notre démarche consiste à accueillir les nouveaux sans les juger. En nous efforçant donc de ne pas juger, nous cherchons de quelle manière apporter de l'aide. Notre tâche est de renforcer et non d'étouffer le désir. Tout dépendant qui entre dans une salle de réunion, même s'il consomme encore, fait montre d'une dose de bonne volonté qui ne peut être sous-estimée. Bien que nous insistions sur l'importance de l'abstinence complète, les dépendants qui consomment encore sont accueillis dans nos réunions et particulièrement encouragés à revenir. Par ailleurs, beaucoup de dépendants en rétablissement n'ont pas accès à des réunions régulières du fait de leur incarcération, de leur situation géographique, de leur incapacité physique ou de leur emploi. Ces dépendants sont membres à part entière aussi longtemps qu'ils ont le désir d'arrêter de consommer. Ils ont droit à la même considération et au même soutien que les autres.

Les raisons pouvant pousser un dépendant à assister à sa première réunion sont multiples, mais, pour adhérer à NA, les motivations sont sans importance. Le désir d'arrêter de consommer peut être flou ; parfois même, ce désir est réduit à une vague envie d'être soulagé de sa souffrance. Néanmoins, ce désir conduit souvent à rechercher des solutions que le dépendant n'aurait peut-être jamais envisagées autrement. Le fait d'entendre des gens partager sur le rétablissement déclenche souvent, chez certains, l'envie d'arrêter de consommer. D'autres viennent en réunion, entendent le message, et retournent à la dépendance active. Ceux qui reviennent en réunion après une rechute disent souvent que leur désir d'arrêter de consommer a été provoqué par la souffrance de la rechute. Nous venons à NA pour de nombreuses raisons, mais nous y demeurons pour nous rétablir à partir du moment où nous ressentons le désir d'arrêter de consommer et souhaitons le garder intact.

Le groupe ne peut se faire juge de ce désir. Nous ne pouvons pas mesurer ou évaluer la bonne volonté d'un dépendant. Celle qu'il manifeste en venant en réunion doit être considérée comme l'évidence même de son désir d'arrêter de consommer. Un dépendant peut mettre du temps à ressentir le désir qui le retiendra au sein de Narcotiques Anonymes. Aussi, devrait-on offrir à tout dépendant la possibilité de rester parmi nous suffisamment longtemps pour que naisse ce désir. Une attitude d'acceptation bienveillante de notre part ne peut qu'être favorable.

L'énoncé de la troisième tradition reflète le caractère général de la première étape. Cet énoncé est écrit d'une manière suffisamment simple pour rassembler les dépendants de tous pays et de toutes cultures, sans distinction des drogues qu'ils ont consommées. Avant de découvrir le rétablissement dans NA, beaucoup de dépendants ne considèrent pas l'alcool comme un problème. D'autres, croyant que les drogues « légales » sont acceptables, abusent de médicaments sur ordonnance. Grâce à l'énoncé de cette tradition, nous sommes en mesure d'accueillir des dépendants qui pourraient penser ne pas avoir consommé les drogues « qu'il fallait » pour se déclarer membre de NA. Chaque dépendant ou dépendante est libre de décider si NA apporte ou non la réponse à son problème. Nous ne pouvons prendre cette décision pour qui que ce soit.

Bien que la troisième tradition soit écrite simplement, nous savons que lorsqu'elle parle du « désir d'arrêter de consommer », cela signifie arrêter de consommer de la *drogue*. Nous signifions par-là que Narcotiques Anonymes est un programme de rétablissement de la dépendance aux drogues. À mesure que nous avançons dans le rétablissement, le terme *dépendance* prend, pour beaucoup d'entre nous, une signification plus étendue. Cependant, il est important de se rappeler que nous sommes venus en premier lieu à NA à cause de notre problème de drogue. Si nous voulons que les nouveaux se sentent appartenir à NA, il faut qu'ils puissent s'identifier avec nous. Au sein de Narcotiques Anonymes, fraternité de dépendants en rétablissement, une telle identification leur est possible.

Beaucoup d'entre nous savent déjà qu'ils sont dépendants lorsqu'ils assistent à leur première réunion. Pour eux, il n'y a pas d'hésitation, c'est une réalité. Toutefois, être membre de NA signifie davantage qu'être dépendant ; cela veut dire prendre une décision. En nous identifiant à ce que nous entendons dans NA et en nous sentant sur la même longueur d'onde que les personnes en face de nous, nous avons envie d'obtenir ce que NA peut nous offrir. Du moment que nous conservons le désir d'arrêter de consommer, nous sommes libres de prendre la décision de devenir membres de Narcotiques Anonymes. Une fois cette décision est prise, nous devons nous engager envers les principes de NA. Cet engagement nous propulse directement sur la voie du rétablissement.

**Application des principes spirituels**

La troisième tradition nous incite à ne pas juger. En ce qui concerne le service, elle nous aide à développer un esprit d'entraide, d'acceptation et d'amour inconditionnel. Comme nous l'avons constaté lors des traditions précédentes, au sein de NA nous nous efforçons de servir en suivant certains principes. Parmi ceux qui sous-tendent cette tradition, il faut citer la tolérance, la compassion, l'anonymat et l'humilité.

La tolérance nous rappelle que juger n'est pas notre tâche. La maladie de la dépendance n'exclut personne. Et de la même façon NA n'exclut aucun dépendant qui désire arrêter de consommer. En nous rappelant, lors d'une réunion, que nous ne valons pas plus que n'importe quel autre dépendant, nous apprenons à être tolérants envers ceux qui sont issus d'un milieu différent du nôtre.

La dépendance est une maladie mortelle. Nous savons que les dépendants qui ne connaissent pas le rétablissement n'ont souvent pas d'autre issue que la prison, l'hôpital ou la morgue. Le fait de refuser d'accueillir un dépendant, même s'il ne vient que par curiosité, peut représenter pour lui une condamnation à mort. Nous apprenons à pratiquer la tolérance envers les dépendants qui ne nous ressemblent pas, qui ne pensent pas comme nous ou qui ne partagent pas comme nous. Nous transmettons le message par l'exemple. Vouloir à tout prix que les nouveaux parlent ou agissent comme nous risque de les renvoyer d'où ils viennent. En tout cas, ce qui est sûr, c'est qu'en faisant ainsi nous les priverions du droit de se rétablir et d'apprendre par eux-mêmes.

La compassion génère la bienveillance dans nos rapports de service. Grâce à elle, nous apprenons à soutenir les membres de NA dans les difficultés qu'ils traversent. Trop souvent, nous sommes prompts à dénigrer chez les autres la qualité de leur rétablissement ou de leur bonne volonté. La troisième tradition nous demande de laisser de côté notre vertueuse suffisance. Du fait que la seule condition requise pour devenir membre échappe à toute règle, évaluer le désir de quelqu'un n'est pas acceptable. Nous devrions faire preuve d'une acceptation bienveillante envers *tous* les dépendants, quels que soient les problèmes qu'ils peuvent connaître par ailleurs. Exercée avec générosité, la compassion a sur le dépendant qui souffre un effet thérapeutique bien supérieur au jugement que nous serions tentés de porter.

L'humilité nous rappelle que nous ne sommes pas Dieu ; nous ne pouvons pas savoir si un autre est prêt à entendre notre message. Nous essayons de nous souvenir de nos angoisses et de la confusion dans laquelle nous étions lors de notre première réunion. Nous avons besoin de nous aider et nous encourager mutuellement et non de nous critiquer ou nous rejeter. Être conscient, en toute humilité, de nos propres déficiences nous aide à nous en souvenir. L'acceptation de soi qui va souvent de pair avec l'humilité nous empêche de porter un jugement sévère sur les autres.

L'anonymat est le principe qui apporte à nos groupes l'ouverture nécessaire et la liberté d'accueillir tout le monde sur un pied d'égalité. NA ne classe pas ses membres en catégories différentes. Dans NA, le dénominateur commun est la maladie de la dépendance. Nous sommes tous égaux devant les ravages qu'elle provoque et nous partageons tous un droit égal au rétablissement.

La mise en pratique de l'anonymat assure l'intégrité de la troisième tradition. Dans l'esprit de l'anonymat, nous nous rappelons qu'aucun membre ou groupe n'est plus important que le message que nous transmettons. Le fait d'avoir une seule condition pour devenir membre contribue à ce qu'aucun dépendant ne doive mourir sans avoir eu la possibilité de se rétablir. Nous célébrons l'égalité et la liberté dont nous jouissons ensemble en accueillant tout nouveau dépendant qui a le désir d'arrêter de consommer.

Pour nous, la troisième tradition est synonyme de liberté. Elle détermine dans l'esprit de chacun l'unique condition requise pour devenir membre. Nous n'avons pas à décider pour quelqu'un d'autre. Nous n'avons pas à consacrer notre temps et notre énergie à décider qui doit rester ou qui nous devons aider. À la place, nous sommes libres de pouvoir offrir notre soutien chaleureux à quiconque entre dans une réunion avec le désir de se libérer de la dépendance.

# QUATRIÈME TRADITION

*« Chaque groupe devrait être autonome, sauf sur des sujets*
*affectant d'autres groupes ou NA dans son ensemble. »*

Les groupes de Narcotiques Anonymes détiennent
une grande marge de liberté. Dans la troisième tradition,
nous avons vu que les groupes n'ont pas à sélection-
ner leurs membres ni à fixer de conditions d'adhésion.
Ceci leur donne toute liberté pour aider les dépendants
à se rétablir. La quatrième tradition renforce cette liberté, car elle nous permet de faire appel à l'immense
diversité de nos expériences afin de mieux offrir nos
services.

La liberté peut être grisante. Et nombre d'entre nous
ont peu fait l'expérience de la liberté, sous quelque
forme que ce soit. Pendant que nous consommions,
notre vie ressemblait bien souvent à de l'esclavage.
Lorsque, pour la première fois, nous connaissons la liberté que nous apporte le rétablissement, nous pouvons la trouver déroutante. Le travail des étapes nous
enseigne que la liberté ne va pas sans responsabilités.
Avec le rétablissement, nous devenons responsables
envers nous-mêmes. En acceptant cette responsabilité,
nous constatons à quel point la quatrième tradition
nous encourage à agir de façon responsable à l'échelle
des groupes comme à celle de la fraternité.

Les groupes de NA sont les vecteurs de notre message de rétablissement. Le degré d'engagement personnel des membres d'un groupe, les uns envers les autres,

génère la personnalité du groupe. Au fur et à mesure que celle-ci évolue, un groupe peut trouver les moyens de faire à sa façon ce que les autres groupes ne font pas. Aux membres de chaque groupe de concevoir, pour leur réunion, un plan de déroulement qui en reflète la personnalité particulière.

L'autonomie donne aux groupes la liberté d'imaginer des façons de transmettre le message qui leur sont propres. NA est constitué d'une grande variété de dépendants unis par la force de leur engagement commun envers le rétablissement. Nous parlons de nombreuses langues et nous appartenons à de nombreuses cultures ; un seul type de réunion ne conviendrait pas forcément à tous les dépendants qui viennent à Narcotiques Anonymes. Les groupes, afin d'atteindre les dépendants susceptibles d'avoir besoin de leur aide, tout en facilitant le rétablissement de leurs propres membres, sont libres de varier leur format ainsi que les autres caractéristiques de leurs réunions. Chaque groupe peut poursuivre notre but primordial de la manière qui lui semble la meilleure.

Chaque groupe remplit une fonction, au niveau local comme à celui de la fraternité dans son ensemble. À l'échelle de la fraternité, notre capacité d'atteindre les dépendants qui consomment dépend de notre aptitude à organiser des réunions accessibles et attrayantes pour ces dépendants. La liberté qu'apporte l'autonomie nous incite à être imaginatifs et à trouver, pour notre groupe, la place la plus conforme à ses besoins comme à ceux de la fraternité. Libre à nous de tirer le meilleur de chaque

groupe. La bonne volonté que chaque groupe consacre à découvrir sa fonction et à la remplir, renforce la
vitalité de Narcotiques Anonymes.

La liberté créative incite les groupes à devenir solides et responsables. Les membres assistent à de nombreuses réunions, mais la plupart s'engagent à ne soutenir qu'un groupe en particulier. Les dépendants grandissent dans leur rétablissement personnel en devenant
responsables de leur vie. De la même manière, les groupes grandissent et se renforcent lorsque leurs membres
prennent la responsabilité collective d'en assurer les
réunions. Ils sont le reflet du degré d'engagement et de
responsabilité de leurs membres.

Une manifestation fréquente de l'autonomie des
groupes consiste dans le choix du format de la réunion.
La plupart des communautés locales offrent une grande
diversité de réunions, qui va de la réunion où un dépendant partage son expérience à celle consacrée à l'étude
des étapes, en passant par celles qui proposent des
thèmes de discussion ou celles adoptant tout autre
format ou combinaison de formats convenant le mieux
à ses membres. Certaines réunions sont ouvertes au
public, d'autres uniquement aux dépendants. Des communautés locales plus développées peuvent proposer,
chaque soir, plusieurs genres de réunions. Certains dépendants entendront mieux le message de rétablissement dans une réunion ayant un certain type de format,
tandis que d'autres en préféreront un autre. Une communauté de NA offrant des réunions aux formats variés
est susceptible de toucher une plus large population de

dépendants. Dans un esprit de coopération, nous essayons de respecter l'autonomie des autres groupes en leur accordant la liberté de transmettre le message de la manière qui leur semble la meilleure.

Dans un esprit d'autonomie, beaucoup de groupes organisent des réunions qui accueillent les membres ayant des besoins identiques. L'absence de jugement exprimée dans la troisième tradition vise à aider le dépendant, où qu'il se trouve, à se sentir à l'aise dans NA. Quel qu'en soit le format, il est recommandé aux groupes de se concentrer uniquement, au cours de leurs réunions, sur le rétablissement de la maladie de la dépendance. Aussi longtemps que, dans ses réunions, un groupe se conforme aux douze traditions et applique les douze étapes de NA, il peut être considéré comme organisant des réunions de Narcotiques Anonymes.

On ne peut pas toujours savoir ce qui affecte NA dans son ensemble. La quatrième tradition nous offre un équilibre entre la liberté, que nous apporte l'autonomie, et la responsabilité de préserver l'unité de NA. Cette tradition nous pousse à utiliser notre autonomie de manière à favoriser la croissance et la vitalité de NA. L'autonomie stimule la solidité et la vitalité des groupes, mais elle leur rappelle aussi qu'ils constituent l'armature de cette grande structure qu'est la fraternité de Narcotiques Anonymes. Nous devons donc tenir compte de notre bien commun lorsque nous avons à prendre des décisions dans nos groupes.

Puisque la plupart des groupes ne sont pas directement reliés les uns aux autres, nous pourrions penser

que ce qui se passe au cours d'une réunion n'a aucune
incidence sur ceux qui n'y assistent pas. Mais si nous
prenons en compte tous ceux qui peuvent être affectés par notre façon d'agir en tant que groupe, nous
devons alors considérer les autres groupes, le dépendant encore à venir, le nouveau ou la nouvelle ainsi que
le voisinage de nos réunions. Nous rendons un mauvais
service aux autres groupes ou à NA dans son ensemble
si nous sommes difficilement identifiables en tant que
réunion de NA. N'oublions pas ce que nous souhaitions
entendre lorsque nous étions nouveaux : l'espoir de se
rétablir de la dépendance à la drogue. Les dépendants
qui arrivent à NA recherchent souvent tout ce qui peut
les rebuter et, d'une manière ou d'une autre, leur donner des raisons pour ne pas s'intégrer. Faire fuir un dépendant n'est pas très compliqué. Il est donc primordial de penser au message que nous transmettons aux
nouveaux et aux nouvelles dans nos réunions. Réfléchir
attentivement à la signification de notre but primordial
peut nous aider à garantir aux futurs dépendants qu'ils
trouveront eux aussi des réunions.

Il est aussi important de bien prendre conscience de
la manière dont nous sommes perçus par la société.
Dans de nombreux endroits, lorsque les réunions de
Narcotiques Anonymes ont commencé, se regrouper
entre dépendants était illégal. Même lorsque nos réunions sont légales, les gens ont souvent une certaine
méfiance vis-à-vis des groupes de dépendants. Tant que
la réputation de NA n'est pas acquise aux yeux du public, il peut être difficile pour des dépendants de trou-

ver des locaux où se réunir. Si notre comportement en tant que membres de NA demeure destructeur et égoïste, nous rassembler nous posera toujours des problèmes. En tant que fraternité, nous contribuons à protéger notre réputation en respectant les locaux de nos réunions, c'est-à-dire en les gardant propres et en bon état. Nous devons être respectueux des voisins. Une chose très simple comme le nom choisi par un groupe peut aussi porter atteinte à NA dans son ensemble. Si la réputation de Narcotiques Anonymes est compromise aux yeux du public, la vie de certains dépendants est en danger.

L'autonomie n'exempte pas les groupes de leur obligation d'observer et d'appliquer les principes spirituels contenus dans les traditions. La bonne manière de vérifier si le groupe observe bien la quatrième tradition est souvent de procéder à un inventaire de groupe. Cet inventaire permet aux membres d'un groupe d'évaluer leur capacité à transmettre le message ou à se faire connaître des dépendants du voisinage. En même temps, c'est une occasion pour les groupes d'examiner de quelle manière ils contribuent à l'unité de la fraternité dans son ensemble. La quatrième tradition nous préserve de l'égocentrisme en nous donnant, en tant que groupes, la liberté d'agir de façon responsable.

**Application des principes spirituels**

La quatrième tradition aide les groupes à trouver un équilibre entre indépendance et responsabilité. Cette situation est le miroir de l'équilibre que chaque membre doit trouver entre sa liberté propre et les responsabilités qui la sous-tendent. Associé à l'ouverture d'esprit, l'unité et l'anonymat, ce principe contribue à protéger NA dans son ensemble lorsqu'il est appliqué aux activités des groupes.

Si l'autonomie nous donne un certain nombre de libertés, elle implique aussi un sens des responsabilités vis-à-vis de nos actes et du bien commun à long terme de NA. En tant que groupe, notre responsabilité envers la fraternité s'exerce en faisant un inventaire de notre comportement et de la manière dont nous tenons nos réunions. Un groupe exerce son autonomie d'une façon responsable lorsque, avant d'agir, il se soucie du bien commun de la fraternité dans son ensemble.

L'ouverture d'esprit est essentielle si nous voulons que l'autonomie contribue au développement de NA. Grâce à cette ouverture, nous sommes davantage réceptifs à de nouvelles façons d'atteindre les dépendants. Nous apprenons à nous positionner au sein de la fraternité. Nous encourageons tous les membres d'un groupe à apporter leurs réflexions et leurs idées. Garder un esprit ouvert nous aide à nous rappeler que chaque groupe fait partie d'un ensemble bien plus grand. Le fait d'en être conscients nous incite à prêter davantage attention aux idées nouvelles. Nous ne pouvons nous enrichir de notre diversité qu'à condition d'en connaître la richesse.

En nous souvenant que nous faisons partie d'un ensemble beaucoup plus grand, nous considérons notre unité lorsque nous tenons à appliquer la quatrième tra-

dition. Toute décision prise en tant que groupe autonome doit être fondée, avant tout, sur la recherche de
notre bien commun. Pour cette raison, bien que nous
soyons autonomes, il nous est possible d'apporter avec
sollicitude notre soutien à d'autres groupes en assistant
à leurs réunions ou en leur offrant diverses formes d'aide.
Les réunions de NA s'épanouissent lorsque les groupes
oublient leurs besoins immédiats pour s'entraider.

L'amour est le principe qui nous amène à considérer
Narcotiques Anonymes comme un vaste ensemble. Cela
conditionne notre statut de groupe autonome. Ainsi,
inspirées par notre amour pour NA, les décisions prises en toute indépendance par un groupe serviront à
améliorer la qualité de nos services. L'amour nous incite à tendre la main vers les autres dépendants et les
autres groupes, en cherchant de nouvelles manières
de coopérer pour transmettre le message de rétablissement.

L'anonymat appliqué à la quatrième tradition nous
rappelle que chaque groupe occupe une place égale
dans la fraternité. Les groupes plus grands ne sont pas
plus importants que les groupes plus petits ; les groupes plus anciens ne sont pas « meilleurs » que les nouveaux groupes. Bien que tous les groupes aient la liberté
d'appliquer les principes de la manière qui leur semble
la meilleure, ces mêmes principes font de chaque
groupe un partenaire égal en matière de rétablissement.
Envers la mission et la réputation de NA, chaque groupe
détient une part de responsabilité égale à celle des
autres.

Dans NA, l'autonomie donne aux groupes la liberté de faire ce qu'ils jugent approprié pour favoriser une atmosphère de rétablissement, offrir des services à leurs membres et réaliser notre but primordial. La responsabilité, facteur d'équilibre de notre autonomie, reflète les principes exprimés dans les trois premières traditions : avant tout, préserver l'unité de la fraternité de NA, chercher à être guidés par une puissance supérieure d'amour, et enfin tenir des réunions accueillant tous ceux qui ont le désir d'arrêter de consommer.

Des groupes solides et en bonne santé sont essentiels au développement de Narcotiques Anonymes. Ils proposent un lieu où nous pouvons offrir notre service le plus fondamental : transmettre notre message de rétablissement par le biais d'un dépendant qui tend la main à un autre dépendant. Sans groupes autonomes, nous serions incapables de réaliser notre but primordial.

# CINQUIÈME TRADITION

*« Chaque groupe n'a qu'un but primordial : transmettre le message au dépendant qui souffre encore. »*

Notre but primordial se situe au cœur même de notre service. Se concentrer sur ce but et se laisser guider par une puissance supérieure d'amour, permet à nos groupes de canaliser le pouvoir bénéfique du rétablissement. Narcotiques Anonymes a pour raison d'être d'aider les dépendants à se libérer de la dépendance active. Si nous devions embrasser d'autres idées ou poursuivre d'autres buts, notre objectif serait flou et notre énergie s'éparpillerait. La cinquième tradition, en nous demandant de veiller à ce que notre but demeure notre préoccupation première, développe notre sens de l'intégrité.

La cinquième tradition aide nos groupes à remplir leur raison d'être : transmettre le message au dépendant qui souffre encore. Comme nous l'avons vu lors de la quatrième tradition, les groupes de NA ont toute liberté dans le choix et la manière de tenir leurs réunions. Cette liberté est importante ; elle protège et favorise la diversité dans la manière de toucher les dépendants. Grâce à cette autonomie, chaque groupe développe une personnalité qui lui est propre. Cependant, nous ne devons pas confondre le but d'un groupe avec sa personnalité. Le but d'un groupe est de transmettre le message de Narcotiques Anonymes, qui consiste dans les principes du rétablissement et non dans la personnalité du groupe.

Quel est donc ce message que nous devons transmettre ? Il s'agit d'un message d'espoir, transmis par les groupes et qui affirme que nous pouvons tous nous libérer de la dépendance active. Ce message peut s'exprimer de nombreuses façons. Par exemple, nous pouvons énoncer l'évidence que si nous ne consommons pas de drogues, nous ne risquons pas de nous « défoncer » ; ou bien en témoignant de la satisfaction et de la qualité de vie que nous procure aujourd'hui le rétablissement. Parfois, nous pouvons transmettre ce message en partageant qu'il nous a été possible de demeurer abstinents malgré les épreuves douloureuses de la vie. L'éveil spirituel que chacun d'entre nous connaît en travaillant les étapes participe lui aussi de ce message. Ce message, s'il est entendu, a le pouvoir d'apaiser les souffrances quelles qu'en soient les causes. Vivre sans drogues et commencer une vie nouvelle nous devient alors possible. Voilà en quoi consiste notre message : tout dépendant, quel qu'il soit, peut cesser de consommer de la drogue, perdre le désir d'en consommer et découvrir un nouveau mode de vie.

Il est de la responsabilité de chaque groupe de transmettre notre message, il en va de la survie même de Narcotiques Anonymes. C'est pourquoi nous appelons cela notre but primordial. Aucune autre tâche n'est plus importante. Toutes les activités des groupes et leurs motivations devraient toujours s'évaluer à la lumière de cette mission.

Il existe, pour les groupes, maintes façons d'accomplir notre but primordial. La plus répandue est de veiller à ce que ses membres s'attachent à y faire régner une atmosphère de rétablissement, ce qui implique, entre autre, de souhaiter la bienvenue à tous les dépendants présents. Nous appliquer à tenir des réunions stables et qui commencent à l'heure favorise également la transmission de notre message. L'utilisation de formats de réunion bien conçus permet de mieux concentrer l'attention sur notre but primordial et encourage les membres à participer d'une manière qui exprime leur rétablissement. En tant que membre, montrer le chemin se fait par l'exemple, en partageant notre expérience et non en donnant des conseils. Nous contribuons tous au but primordial lorsque chacun, au sein du groupe, prend à cœur de maintenir la réunion centrée sur le rétablissement. Tous nos actes véhiculent un message, et la cinquième tradition nous rappelle de faire en sorte que ce soit un message de rétablissement.

De nombreux facteurs peuvent nous détourner de notre but primordial. Par exemple, le groupe peut être tenté de prendre sur son temps de réunion pour gérer ses activités et sa comptabilité, ou pour discuter d'un sujet prêtant à controverse. Quant à nous, membres du groupe, nous pouvons finir par uniquement fréquenter nos amis, sans considération pour un dépendant qui va mal et qui a besoin de réconfort. Mais chaque fois que nous nous détournons de notre but primordial, un dépendant en quête de rétablissement en souffre.

D'autres facteurs peuvent fausser l'objectif de notre groupe et l'éloigner de son but primordial. Prenons l'exemple de l'argent versé par les membres : grâce à cet argent, nos groupes paient le loyer de leur salle de réunion, achètent des livres, brochures et fournitures, gèrent des activités et apportent leur contribution aux services de NA. Cela peut nous aider à réaliser notre but primordial comme nous en éloigner. Ainsi, il arrive que certains groupes cherchent à surpasser les autres en proposant des salles de réunion luxueuses, des boissons à profusion, des piles énormes de publications, ainsi qu'en organisant des activités particulièrement sophistiquées. Cette façon de procéder nous détourne de notre objectif au profit de considérations d'argent, de propriété et de prestige. Notre effort doit porter sur notre réputation à transmettre le message, et rien d'autre. L'argent, les publications et les salles de réunion constituent les moyens dont nous disposons pour transmettre le message : ils doivent donc nous servir et non nous asservir.

Dans le but de transmettre le message, les groupes peuvent fournir toute une panoplie de services, le principal étant la tenue d'une réunion où les dépendants peuvent partager leur rétablissement directement les uns avec les autres. D'autres services comme les permanences téléphoniques, l'Information publique et les Comités des hôpitaux & prisons permettent également de transmettre le message. En milieu rural et dans les très jeunes fraternités, de tels services sont souvent fournis par les groupes eux-mêmes. Cependant, la plupart des groupes voient bien qu'ils ne peuvent à la fois organiser des services et se concentrer sur leurs réunions de rétablissement. Pour cette raison, ils en délèguent généralement la responsabilité à leurs comités locaux. Ainsi, ils peuvent consacrer tout leur temps et leur énergie à transmettre directement le message au dépendant qui souffre encore.

Connaissant l'importance de transmettre le message, un grand nombre de groupes font un inventaire périodique afin de s'assurer que le but primordial de NA demeure bien leur première préoccupation. Les douze traditions peuvent servir de cadre à cet inventaire. Certains groupes suivent un questionnaire spécifique contenant, entre autres, les questions suivantes : comment transmettons-nous le message de rétablissement ? Y a-t-il des dépendants que notre groupe oublie ? Comment pouvons-nous rendre nos réunions plus accessibles ? Que pouvons-nous faire pour que les nouveaux membres se sentent davantage chez eux ? L'atmosphère de rétablissement est-elle en train de se détériorer ? Est-ce qu'un changement dans le format de notre réunion améliorerait cette atmosphère ?

Être à l'écoute des besoins de la communauté locale de NA peut entraîner diverses améliorations. Par exemple, si, dans notre ville, aucune réunion n'étudie les étapes, un groupe peut songer à en créer une. Il existe de nombreuses manières de transmettre le message tout en satisfaisant aux besoins du groupe et de la communauté locale.

Une force œuvre au sein de notre programme. Chacun en bénéficie lorsqu'il met en pratique la douzième étape et transmet le message à d'autres dépendants. Cependant, lorsque le message est transmis par les groupes, l'impact de la douzième étape s'en trouve renforcé. Mais, hormis le nombre de dépendants qui se rétablissent, rien n'est plus impressionnant que l'unité de but et l'atmosphère de rétablissement qui se dégagent des réunions – force spirituelle par excellence. La présence de cette force dans le groupe est indéniable. Nous pouvons faire appel lui pour rester abstinents en dehors des réunions.

La cinquième tradition fixe au groupe un objectif prioritaire : transmettre le message. Nous, en tant que membres, pouvons y contribuer de nombreuses façons. Par exemple, nous manifestons notre sollicitude et notre désir d'aider en nous relayant à la porte pour accueillir les gens, en préparant des listes de numéros de téléphone pour les distribuer aux nouveaux et aux nouvelles, ou en leur offrant nos dépliants. Lorsque nous sommes réunis en groupe pour transmettre le message, nous présentons une image attrayante du rétablissement en action.

Beaucoup de réunions sont structurées dans le but de transmettre le message aux nouveaux. Ces derniers ont souvent besoin de plus d'encouragements pour revenir ; ils ont aussi davantage besoin de réponses à leurs questions, et demandent plus d'amour et d'attention. Cependant, les nouveaux ne sont pas les seuls à avoir besoin d'entendre un message de rétablissement. Le dépendant qui souffre encore et avec qui nous partageons notre espoir peut être n'importe lequel d'entre nous, quel que soit son temps d'abstinence. La cinquième tradition ne se limite pas à aider les nouveaux et les nouvelles. Le message de rétablissement s'adresse à chacun d'entre nous.

## Application des principes spirituels

La cinquième tradition est le complément de la douzième étape : elle demande aux *groupes* de transmettre le message aux dépendants. En tant qu'individus, il nous est demandé dans les étapes d'appliquer certains principes à tous les domaines de notre vie ; ceci est également important quand nous agissons en tant que groupes. Parmi ceux que nous appliquons pour mieux satisfaire à la cinquième tradition citons l'intégrité, la responsabilité, l'unité et l'anonymat.

L'intégrité ou la fidélité aux principes contenus dans les douze traditions, montre toute sa valeur lorsque les groupes ont à cœur de transmettre le message de rétablissement de Narcotiques Anonymes. Beaucoup de nos membres ont des connaissances importantes dans des domaines très variés, mais notre fraternité a la particularité de n'avoir à délivrer que son propre message : il est possible de se libérer de la dépendance active grâce aux douze étapes de NA et au soutien de dépendants en rétablissement. Les groupes en sont le meilleur vecteur lorsqu'ils s'attachent à apporter un soutien vigoureux et conscient aux dépendants qui désirent travailler le programme. En entretenant consciencieusement cette forme d'intégrité, nos réunions contribuent à notre but primordial.

La cinquième tradition confère à nos groupes une grande responsabilité : celle de préserver notre but primordial. Chaque groupe a la responsabilité d'être le meilleur vecteur de transmission possible du message de NA. Laisser nos groupes s'écarter de notre but primordial risque de priver un dépendant de l'occasion d'entendre notre message d'espoir. Chaque membre a la responsabilité d'aider le groupe à rester concentré sur notre but primordial.

L'unité est l'une de nos forces pour transmettre le message. Poursuivre le même objectif nous permet de mieux transmettre notre message. Au sein des groupes, nous travaillons ensemble pour assurer non seulement notre rétablissement personnel, mais aussi celui des autres membres de NA. Voir autant de dépendants abstinents et participant à notre bien commun en est une preuve particulièrement convaincante. Nous ne nous rétablissons pas seuls.

Avec l'anonymat, nos différences personnelles s'effacent devant notre but primordial. Lorsque nous nous rassemblons en tant que groupe, notre tâche première est de transmettre le message, tout le reste doit être mis de côté. Les groupes peuvent mettre en pratique la cinquième tradition en rappelant à leurs membres que, dans Narcotiques Anonymes, ce qui prime est notre message de rétablissement, pas les personnalités de nos membres.

Narcotiques Anonymes est une fraternité qui tient des réunions partout dans le monde. Notre but primordial est le lien commun qui nous unit. La cinquième tradition définit l'objectif de Narcotiques Anonymes. Cet objectif unique contribue également à assurer notre

survie en tant que fraternité. La cinquième tradition
nous engage à servir les autres dépendants en leur transmettant que le rétablissement est possible grâce à Narcotiques Anonymes. Cet objectif unique protége l'intégrité de notre fraternité.

# SIXIÈME TRADITION

*« Un groupe de NA ne devrait jamais cautionner,*
*financer ou prêter le nom de NA à des organismes connexes*
*ou à des organisations extérieures, de peur que des problèmes*
*d'argent, de propriété ou de prestige ne nous éloignent de*
*notre but primordial. »*

Chaque groupe n'a qu'un seul but primordial, mais il dispose d'une grande marge de manœuvre pour le réaliser. Pour transmettre le message, nos groupes se dépensent bien souvent sans compter. Sur le plan individuel comme sur celui du groupe ou de la structure de service, nous travaillons tous à la poursuite de notre but primordial. Cela nous conduit en tant que groupes à entrer en contact avec diverses organisations de notre région. Un bon système de relations publiques peut nous aider à réaliser notre but primordial, mais coopérer avec d'autres organisations peut aussi être source de conflits et nous détourner du message à transmettre. En définissant les limites à respecter dans nos relations avec les organisations locales, la sixième tradition tempère notre zèle à transmettre le message.

Le but primordial de notre fraternité nous définit : nous sommes une association de personnes atteintes de la maladie de la dépendance partageant avec d'autres l'espoir de se rétablir dans Narcotiques Anonymes. Si l'identité de NA se retrouvait trop étroitement liée à celle d'un autre organisme, notre but primordial perdrait de sa force et de sa clarté.

La sixième tradition nous met en garde contre trois écueils qui pourraient faire que l'on confonde Narcotiques Anonymes avec d'autres organisations : cautionner, financer et prêter notre nom. Cautionner signifie déclarer publiquement son soutien en faveur d'un organisme. Financer un organisme est une façon encore plus marquée d'en cautionner le but. Prêter notre nom à un organisme connexe ou à une quelconque entreprise privée ou publique, en permettant, par exemple, à un centre de traitement de la dépendance de prendre le nom de « Centre médical de Narcotiques Anonymes », représente la caution absolue. Aux yeux du public, cela reviendrait à associer de façon permanente notre but primordial au leur.

En définissant des limites à ne pas dépasser, la sixième tradition permet à nos groupes d'éviter quelques-uns des problèmes qui surviennent ordinairement entre des organismes différents. Si nous cautionnons un organisme qui, au bout d'un moment, connaît des difficultés, notre réputation en souffrira en même temps que la leur. Si nous assurons la promotion d'une entreprise extérieure, et que certains la jugent détestable, nous risquons de détourner de nos réunions un bon nombre de dépendants qui cherchent à se rétablir. Si nous déclarons notre soutien envers une autre organisation, les gens en général, le dépendant qui souffre encore, et même nos propres membres risquent de confondre le but de cette organisation avec le nôtre. Si nous finançons une organisation connexe ou une entreprise extérieure, nous détournons ainsi des fonds qui

pourraient servir à poursuivre notre propre but primordial ; et par la suite, si nous cessons ce financement,
d'autres problèmes risquent alors de surgir. Si nous finançons ou si nous prêtons notre nom à un organisme
plutôt qu'à un autre, nous risquons de nous retrouver
mêlés à des conflits d'intérêt. En permettant d'éviter de
tels problèmes, la sixième tradition donne aux groupes
la possibilité de consacrer toute leur énergie à la transmission d'un message clair, visant directement les dépendants en quête de rétablissement.

Nous devons être présents dans la société. Nous ne
pouvons nous situer à part en évitant tout contact avec
les institutions. Non seulement c'est impossible, mais
c'est aussi une très mauvaise idée. Pour Narcotiques
Anonymes, coopérer avec les autres est une bonne
chose. Les contacts entre nos groupes et le public
aident les gens à mieux comprendre notre fraternité, et
suscitent une meilleure disposition du public à notre
égard. Ils incitent médecins, enseignants, policiers, familles et amis à recommander NA aux dépendants qui
veulent se rétablir. Ils contribuent à transmettre le message aux dépendants qui ne peuvent se rendre à des
réunions régulières. Nous faire connaître et faire connaître ce que nous offrons, fait en sorte que notre message atteigne un plus grand nombre de dépendants qui
cherchent à se rétablir.

Nos groupes entretiennent souvent de bonnes relations avec les centres de traitement voisins. Nous les
informons que nos réunions sont toujours ouvertes à
leurs patients et lorsque ceux-ci viennent y assister, nous

nous efforçons de leur faire bon accueil. Toutefois, il faut faire la distinction entre coopérer et cautionner. Lorsque la relation entre un centre ou un organisme et un groupe obscurcit le but primordial de ce dernier, il est temps pour lui de prendre du recul afin d'examiner cette relation. Par exemple, si un groupe ou un comité organise une soirée dansante payante, doit-il offrir une réduction aux patients de tel ou tel centre ? Pourquoi ne pas accorder tout simplement cette réduction à *tous* les nouveaux et les nouvelles ? Cet exemple nous propose le genre de questions qu'il conviendrait de se poser chaque fois que la collaboration entre notre groupe et un organisme connexe ou une entreprise extérieure devient si étroite qu'elle donne l'impression qu'un lien existe entre eux et nous. S'interroger ainsi contribue à faire en sorte qu'une coopération entre une institution donnée et nos groupes ne se transforme pas, par inadvertance, en un cautionnement en faveur de celle-ci.

De nombreux organismes connexes et centres de soins se consacrent au problème de la dépendance pour tenter de le comprendre et d'y remédier. Comme NA, chacun d'eux a un but spécifique qu'il traduit dans ses publications et dans son message. Bien que ce but puisse être similaire au nôtre, il ne sera en rien identique du fait que nous sommes une organisation distincte. Dans nos réunions, afin de mieux nous concentrer sur notre but primordial, nous n'utilisons que nos publications et ne faisons témoigner que nos membres. Un groupe de NA qui se sert de publications rédigées par tout autre organisme ou qui fait témoigner une personne qui en est issue, cautionne, de ce fait, le but primordial de cet organisme et non le nôtre.

Bien que quelques groupes de NA se réunissent dans des bâtiments qui leur appartiennent, la plupart font autrement. Les groupes qui louent des salles à d'autres organisations doivent tout particulièrement prendre soin de ne jamais les cautionner, les financer ou leur prêter le nom de NA. Pour prévenir cela, posons-nous ce genre de questions : afin de se réunir dans un établissement particulier, le groupe paie-t-il un loyer beaucoup plus élevé qu'ailleurs ? Si oui, donne-t-il en cela l'impression de cautionner l'établissement dans lequel il se réunit ? En tenant ses réunions dans cet établissement, le groupe en tire-t-il un meilleur avantage pour transmettre le message de NA ou bien finance-t-il, par le paiement de loyers, une quelconque institution ? Lorsque nous consacrons notre énergie et notre argent à transmettre le message de Narcotiques Anonymes, nous évitons de nous éloigner de notre but primordial ou de le confondre avec celui d'un autre organisme.

Si, en tant que membres de NA et en tant que groupes, nous sommes tenus d'observer les douze traditions, les établissements qui nous louent nos salles de réunion, en revanche, ne le sont pas, pas plus que toute autre organisation. S'il apparaît qu'un quelconque organisme ou établissement porte atteinte à nos traditions, il est de notre responsabilité de les rencontrer pour les interroger sur leur manière d'agir. Du fait que nous ne pouvons pas exiger de leur part un changement de comportement, aborder avec eux la question d'une manière raisonnable et en discuter franchement, conduira souvent à trouver des solutions satisfaisantes pour tout le monde.

Les réunions organisées par le groupe sont une sorte de forum accordant à chacun la possibilité de partager son rétablissement avec les autres. Dans ces réunions, le message que nous transmettons peut favoriser la poursuite de notre but primordial comme nous en détourner. Afin de pratiquer la sixième tradition, chacun d'entre nous peut s'interroger sur ce qu'il fait pour clarifier les relations entre NA et les autres organismes.

Dans la pratique de leur propre programme de rétablissement et de croissance spirituelle, nombreux sont ceux qui font appel à d'autres formes de développement personnel. Cependant, ces ressources ne sont pas directement en rapport avec le but primordial de NA. Là encore, interrogeons-nous : suis-je en train de cautionner un organisme connexe ou une entreprise extérieure lorsque, dans une réunion de NA, je fais part dans mes partages des bienfaits que j'en ai retirés ? Au cours de la réunion, est-ce que je distrais les autres de leur écoute du message de rétablissement dans NA ou est-ce que je donne aux nouveaux une mauvaise image du programme de Narcotiques Anonymes ? Personne ne peut répondre à ces questions à notre place. Mais en y répondant chacun pour nous-mêmes, nous pouvons aider notre groupe à éviter les problèmes qui risqueraient de le détourner de son but primordial.

## Application des principes spirituels

L'application des principes spirituels est le fondement de notre liberté. À partir du moment où nous adhérons aux principes du rétablissement, nous jouissons d'une entière liberté dans notre façon de transmettre le message ainsi que dans nos échanges avec les autres, parce que nous savons que nous ne nuirons pas à notre but. Parmi les principes qui nous aident à nous conformer à la sixième tradition citons l'humilité, l'intégrité, la foi, l'harmonie et l'anonymat.

L'humilité replace bien le rôle de NA vis-à-vis de la société : offrir un programme apportant une aide conséquente à de nombreux dépendants en quête de rétablissement. Toutefois, nous n'avons aucun autre but dans la société que celui de transmettre le message de NA, et notre fraternité ne prétend pas offrir davantage que la délivrance de la dépendance active. Il peut être tentant d'imaginer ce que nous pourrions faire de bénéfique pour nous ou dans le monde, si nous nous mettions à élargir nos objectifs, ou à nous associer étroitement à une multitude d'institutions ou de centres de soins. Ces idées de grandeur ne serviraient qu'à nous détourner de notre but primordial. Transmettre notre message au dépendant qui souffre encore demeure pour nous un objectif bien suffisant.

Notre intégrité se reflète dans la clarté du message de rétablissement que nous transmettons au sein de NA. Les douze étapes et les douze traditions donnent les grandes lignes de ce message que nos publications développent plus en détail. Comme notre message constitue notre identité, nous sommes très attentifs à ne pas le laisser se confondre avec les idées ou les publications d'autres organismes.

Nous faisons preuve de foi lorsque nous n'apportons pas notre cautionnement, nos fonds ou notre nom en échange d'une quelconque coopération avec d'autres organisations. Bien entendu, nos alliés en dehors de NA peuvent nous aider à transmettre le message aux dépendants qui ont besoin de nous. Cependant, notre source de foi réside dans l'efficacité de notre message et dans la puissance supérieure qui guide notre rétablissement, non dans les organismes connexes ou les institutions avec lesquels nous sommes en relation. Si nous nous apercevons que notre relation avec une quelconque organisation diminue notre ardeur à transmettre le message de rétablissement, nous devons, sans crainte, mettre fin à celle-ci. Notre force réside dans le pouvoir du programme de NA. Après tout, il marche !

L'harmonie est un principe implicite de la sixième tradition, que cette dernière ne fait que renforcer. Chaque fois et aussi souvent que possible, nous ne devons pas hésiter à coopérer avec d'autres organismes, mais nos rapports avec eux gagneront en clarté et en simplicité si, dès le départ, nous énonçons clairement les limites de notre coopération. Respecter les limites de la sixième tradition dans les relations que notre groupe entretient avec les autres organismes nous permet de créer des relations harmonieuses.

Notre identité en tant que fraternité se fonde sur l'anonymat et le service désintéressé, en transmettant le message de dépendant à dépendant. Les relations que nous entretenons avec d'autres organismes ne reposent pas sur la personnalité de nos dirigeants ; c'est à nos groupes que revient la responsabilité de coopérer avec d'autres organismes, de manière à renforcer et à rendre plus efficaces les rapports que nous entretenons avec ces derniers.

Enfin, dans nos contacts avec d'autres organismes, l'anonymat nous aide à préserver la clarté de notre but. Nos relations avec les institutions ont pour objectif de nous aider à réaliser notre but primordial, et non celui d'accroître notre réputation ou notre prestige. Lorsque nous nous conformons à l'esprit d'anonymat, nous ne recherchons qu'à transmettre le message de rétablissement au dépendant qui souffre encore.

Sans outrepasser les limites de la sixième tradition, nous disposons d'une grande latitude pour transmettre le message de rétablissement et aider d'autres dépendants. Ces limites sont définies par l'identité même de Narcotiques Anonymes. Lorsque nous prenons soin de les respecter, nos relations avec l'extérieur, loin de nous détourner de notre but primordial, accroissant notre capacité à transmettre le message au dépendant qui souffre encore.

# SEPTIÈME TRADITION

*« Chaque groupe de NA devrait subvenir entièrement à ses besoins et refuser toute contribution de l'extérieur. »*

La septième tradition éclaire davantage la relation du groupe avec l'extérieur. La sixième tradition nous mettait en garde contre le fait de financer un quelconque organisme, de peur que des problèmes d'argent, de propriété ou de prestige ne nous éloignent de notre but primordial. La septième tradition nous incite à n'accepter aucune aide financière de quelque organisme que ce soit, et ce pour la même raison : préserver le but primordial de notre groupe. En couvrant nous-mêmes nos dépenses, nous demeurons libres de transmettre notre propre message.

Nous incitons chaque groupe de Narcotiques Anonymes à subvenir entièrement à ses besoins. Cela dit, nous reconnaissons que de nombreuses réunions en sont incapables à leurs débuts. Certaines ouvrent grâce à un ou deux membres de NA qui souhaitent transmettre le message à d'autres dépendants. Il n'est donc pas rare que ces membres paient de leur propre poche le loyer et les publications de NA qu'ils mettent à la disposition du groupe. Parfois, ils reçoivent une aide de la part d'un comité local ou d'un groupe plus florissant. Quoi qu'il en soit, un certain temps peut être nécessaire pour qu'une nouvelle réunion atteigne la stabilité financière.

D'autres réunions, comme celles tenues dans certains établissements, s'ouvrent grâce à l'aide de professionnels qui, sans être membres de la fraternité, ont une connaissance de notre programme. Désireux de faire connaître à leurs patients ce que NA leur propose, ces professionnels trouvent une salle, fixent un horaire, achètent des brochures, font don de la publication *Le Groupe* aux dépendants présents et les aident à ouvrir une réunion. Une fois familiarisés avec les principes du programme de Narcotiques Anonymes, ces dépendants en rétablissement prennent ensuite la responsabilité d'organiser eux-mêmes leurs réunions.

La manière dont s'ouvre une réunion n'a pas autant d'importance que la manière dont elle grandit. Selon notre expérience, une fois qu'une réunion est stable, elle prend son essor. Au début, une réunion attire un petit groupe de dépendants qui reviennent assez régulièrement. Ces dépendants partagent ensemble leur expérience et s'entraident pour mieux comprendre les principes du rétablissement. À ce stade, la réunion n'est plus occasionnelle : un groupe de NA, constitué de membres réguliers, vient de se former à partir de cette réunion. Du fait de cette évolution et de l'engagement de ses membres à se soutenir les uns les autres, le groupe dans son ensemble est prêt à assumer pleinement ses obligations.

Beaucoup d'entre nous considèrent la septième tradition comme celle ayant trait à l'argent ; mais même si nous l'associons souvent avec notre contribution financière, celle-ci, dans son esprit, va bien au-delà . Tout ce dont le groupe a besoin pour réaliser son but primordial devrait être fourni par le groupe lui-même.

Nous pouvons alors nous demander quelles sont les choses dont un groupe a besoin. La réponse est simple : avant tout, il lui faut un message à transmettre et cela il le possède déjà. Jusqu'à présent, nos groupes n'ont-ils pas prouvé que tout dépendant qu'ils accueillaient pouvait arrêter de consommer de la drogue, en perdre le désir d'en consommer et découvrir un nouveau mode de vie ? Sans ce message, un groupe perd sa raison d'être ; mais avec lui, il possède déjà presque tout ce dont il a besoin.

Cela mis à part, les besoins d'un groupe sont simples : pour rassembler ses membres, il doit louer des salles de réunions qui soient faciles d'accès pour les nouveaux et les nouvelles. La plupart des groupes considèrent qu'il est important de faire l'achat de publications de Narcotiques Anonymes afin de les mettre à la disposition des dépendants dans leurs réunions. Les dépenses que cela engendre peuvent être élevées, mais la plupart des groupes peuvent les couvrir en organisant une collecte.

Leurs principales dépenses réglées, la plupart des groupes apportent une contribution financière aux conseils et aux comités de service de NA. Les services téléphoniques, les listes de réunions, les Comités des hôpitaux & prisons, les présentations d'information publique et les publications de NA profitent aussi aux groupes. C'est pourquoi verser une certaine contribution aux structures de service fait partie intégrante des obligations du groupe, au même titre que la location d'une salle de réunion. À l'instar des groupes, les conseils de service et les comités refusent également toute contribution provenant de sources extérieures à la fraternité. Toutefois, contrairement aux groupes, ils ne subviennent pas entièrement à leurs besoins. Créés pour aider les groupes à poursuivre plus efficacement leur but primordial, ils dépendent de leurs dons pour accomplir leur travail.

Afin d'accomplir le but qu'il poursuit, un groupe a besoin de certaines choses qui ne coûtent rien. Par exemple, de quelqu'un pour ouvrir la salle de réunion, installer les chaises et disposer les publications sur une table. Dans certains groupes, un membre se propose pour préparer les boissons, ce qui permet de créer une ambiance accueillante pour les nouveaux et les nouvelles. Par-dessus tout, un groupe a besoin de l'engagement de ses membres à venir régulièrement à ses réunions. La stabilité du groupe en découle. Sans lui, le groupe n'a qu'une vie réduite, car il en tire aussi sa capacité à transmettre le message de rétablissement. Adhérer activement à un groupe et prendre du service dans celui-ci représentent deux formes de contribution qui ont un coût financier nul et qui sont néanmoins indispensables si nous voulons que nos groupes subviennent entièrement à leurs besoins.

Comme les besoins d'un groupe sont relativement simples, la décision de se subvenir entièrement à lui-même n'impose nullement à ses membres un gros investissement en temps, en argent ou en moyens. Cependant, si un groupe ne parvient qu'avec difficulté à subvenir à ses besoins, il est souhaitable qu'il se pose certaines questions : quel est notre but primordial, et comment l'atteindre ? Que faut-il à notre groupe pour qu'il réalise son but primordial ? Avons-nous confondu nos désirs avec nos besoins ? Lorsqu'un groupe devient déraisonnable par rapport à ses besoins, la cinquième tradition peut contribuer, par sa simplicité, à les ramener à leur juste proportion.

Mais qu'en est-il si un groupe, après un examen de la cinquième tradition, est toujours incapable de subvenir à ses besoins ? La septième tradition stipule bien que les groupes ne doivent jamais chercher à obtenir une aide financière en dehors de la fraternité, mais pour quelle raison après tout ? Et quelles sont les considérations qui nous empêchent de le faire ?

En premier lieu, le groupe doit réfléchir à son identité en tant qu'élément de la fraternité de Narcotiques Anonymes. Le rétablissement dans NA est, à bien des égards, à l'opposé de notre consommation. Lorsque nous consommions, beaucoup d'entre nous prenaient, chaque fois que l'occasion s'en présentait, tout ce que nous pouvions de tout le monde. La décision du groupe de subvenir entièrement à ses besoins et de refuser toute contribution de l'extérieur reflète la nouvelle façon dont ses membres vivent le rétablissement. Au lieu de prendre des autres ce qui nous plaît ou ce dont nous avons besoin, nous apportons tous notre contribution.

Le groupe doit aussi réfléchir à son identité en tant que groupe. Lorsqu'ils consommaient, la plupart d'entre nous ne se préoccupaient que d'eux-mêmes, sans penser un seul instant au bien-être d'autrui. À l'inverse, un groupe de rétablissement de Narcotiques Anonymes se fonde sur l'entraide. La plupart d'entre nous ont essayés de s'en sortir par eux-mêmes, mais sans succès. Nous nous sommes rendus compte que nous avions besoin les uns des autres pour survivre et pour grandir. Un groupe de NA est à la fois l'expression de ce besoin de soutien réciproque et la solution à ce besoin. En refusant toute contribution de l'extérieur, un groupe de NA renforce la solidarité entre ses membres et assure la continuité de leur rétablissement.

« D'accord, disons-nous, notre groupe a pris l'engagement de subvenir entièrement à ses besoins. Mais que se passe-t-il si l'argent de nos collectes ne nous permet toujours pas de couvrir nos besoins ? Si nous vendions des t-shirts ou des bijoux pour récolter des fonds, ou si nous organisions un dîner en demandant de faire un don à l'entrée ? L'énergie dépensée par nos membres dans de telles activités pourrait peut-être rapporter de quoi payer nos factures. »

À première vue, il ne semble y avoir aucune contradiction entre la septième tradition et cette manière de lever des fonds. Cependant, avant de s'engager dans de telles activités, un groupe devrait se poser certaines questions. La première concerne bien entendu le besoin proprement dit. Dans quel but le groupe cherche-t-il à amasser des fonds ? Il faut aussi nous demander dans quelle mesure ces activités organisées par le groupe pour mieux transmettre le message ne risquent pas, en fin de compte, de détourner ses membres de cette tâche. Gérer des levées de fonds nécessite généralement beaucoup de temps, du temps qui pourrait être utilisé pour mieux se consacrer à notre but primordial. Si les levées de fonds ont du succès et rapportent plus que ce dont le groupe a besoin pour faire face à ses engagements, une controverse autour de la gestion de cet argent pourrait survenir et détourner le groupe de son but primordial. Un groupe doit aussi se demander si l'atmosphère créée par la vente de marchandises pendant les réunions ne risque pas d'altérer l'esprit de liberté et d'ouverture propice au rétablissement.

Dans l'ensemble, nos groupes savent par expérience que la voie la plus simple et la plus directe pour atteindre une entière autonomie passe par les contributions volontaires de leurs membres. C'est pourquoi nous n'encourageons pas les groupes à se livrer à des activités de levées de fonds. Si un groupe ne peut subvenir à ses propres besoins par les contributions volontaires de ses membres, il est alors sans doute temps que ces derniers augmentent leurs contributions financières.

Cependant, tout en tenant compte de ces différents aspects, nous devons aussi nous souvenir de notre troisième tradition qui stipule que la seule condition requise pour devenir membre est le désir d'arrêter de consommer. Notre adhésion, qu'il s'agisse de notre adhésion à NA dans son ensemble ou de notre adhésion à un groupe, ne dépend pas de la somme que nous déboursons. En effet, nous ne sommes pas tenus de verser quoi que ce soit pour être considérés comme membres de Narcotiques Anonymes.

Si, après un examen attentif de la situation et une réduction des dépenses qui n'affecte pas la poursuite de son but primordial, notre groupe n'encaisse toujours pas assez d'argent pour subvenir à ses besoins, chaque membre devra alors s'interroger individuellement. En effet, personne ne peut répondre à notre place à certaines questions. Que m'apporte le groupe ? Mon rétablissement personnel dépend-il de sa survie ? Ai-je la possibilité de faire un don plus important sans mettre à mal mes finances personnelles ? font partie de celles-ci.

Tout en réfléchissant à notre contribution financière au groupe, nous ne devons pas oublier que la septième tradition parle de l'autonomie du *groupe* dans son ensemble, et non pas d'un ou deux membres aisés qui en règlent toutes les dépenses ou qui font tout le travail. Plus tard, dans les chapitres concernant les neuvième et douzième traditions, nous verrons que l'alternance dans les postes de serviteurs de confiance est une manière d'empêcher un groupe, un conseil de service ou un comité de devenir une simple émanation de la personnalité d'un ou deux membres. De la même manière, la septième tradition incite le groupe dans son ensemble à subvenir entièrement à ses besoins, en prenant garde de ne pas dépendre financièrement d'un membre ou d'un autre. Il est bon que chacun de nous se soucie de l'obligation de subvenir à ses besoins de son groupe, sans pour autant le rendre trop dépendant de sa contribution personnelle.

Finalement, nos décisions personnelles concernant le groupe comme nos engagements envers celui-ci nous appartiennent en propre, car nous sommes ceux qui en subiront les conséquences. Cela dit, certaines phrases de notre « Livret blanc » faisant référence aux douze étapes semblent également pouvoir s'appliquer à la septième tradition et, à vrai dire, à toutes les traditions : « Si vous désirez ce que nous avons à offrir et voulez faire l'effort pour l'obtenir... voici les principes qui ont rendu possible notre rétablissement.» Si nous désirons ce que le groupe peut nous offrir individuellement, et si notre groupe désire tirer partie des bénéfices du fait de subvenir à ses besoins, nous mettrons en pratique les principes qui rendent ces choses possibles.

## Application des principes spirituels

Nos douze traditions décrivent les éléments précis qui permettent aux groupes de conserver leur force, leur vie et leur liberté. Toutefois, en filigrane, apparaissent un grand nombre de principes spirituels qui peuvent tous s'appliquer, ou presque, à chacune des traditions. Ces principes ont permis aux traditions de prendre corps. Plus nous les cultiverons, mieux nous comprendrons nos traditions et mieux nous les appliquerons. Parmi les principes qui nous aident à bien comprendre la septième tradition citons la gratitude, la responsabilité, la foi, l'honnêteté, l'anonymat et la liberté.

La gratitude dont il est question dans la septième tradition est collective, à l'instar de la deuxième tradition où il est question du sentiment d'être guidés collectivement : il s'agit ici de la gratitude que nous partageons en tant que groupe de NA. Lorsque des membres de NA se réunissent pour partager leur rétablissement, ils en éprouvent un sentiment de gratitude. Ils sont reconnaissants du fait que le groupe existe, et en souhaitent le bon fonctionnement pour eux-mêmes comme pour les membres à venir. La gratitude du groupe s'exprime, en partie, par son engagement collectif à subvenir à ses besoins.

La décision du groupe de subvenir entièrement à ses besoins et de refuser toute contribution de l'extérieur, reflète sa propre responsabilité envers lui-même. Le rétablissement nous fait perdre l'illusion que le monde doit nous prendre en charge ; bien mieux, il nous offre la fierté de le faire nous-mêmes. Individuellement, nous faisons preuve de notre nouvelle maturité en acceptant le poids de nos obligations ; collectivement, nous en donnons la preuve en assumant le bon fonctionnement de notre groupe, sans chercher à obtenir des contributions de l'extérieur ou à en accepter.

La responsabilité, cependant, peut paraître un poids trop lourd si l'on oublie la simplicité des besoins du groupe. S'engager à subvenir entriérement à ses besoins ne veut pas dire amasser d'énormes sommes d'argent pour échafauder de vastes projets. Au lieu de cela, le groupe s'attache plutôt à ne rassembler que les ressources nécessaires à la poursuite de son but primordial, si simple : transmettre le message au dépendant qui souffre encore. Appliqué à la septième tradition, le principe de simplicité donne aux groupes la possibilité d'éviter les conflits qui surviennent fréquemment avec la gestion de sommes importantes. Des problèmes d'argent, de propriété ou de prestige ne détourneront pas nos groupes de leur but primordial si nous gardons clairement à l'esprit la simplicité de notre but et de nos besoins.

Pour faciliter la compréhension des principes inhérents à la septième tradition, la simplicité va de pair avec notre foi en une puissance supérieure. Tant que nous suivons la direction inspirée par cette puissance, le groupe ne manquera de rien. De même, refuser toute contribution de l'extérieur afin que le groupe subsiste par ses propres moyens est un acte de foi. Tant que notre groupe se consacre à son but primordial, il sera pourvu du nécessaire.

En tant que membres d'un groupe de Narcotiques Anonymes, nous avons pris l'engagement de nous soutenir les uns les autres dans notre rétablissement. En ce qui concerne le groupe, son engagement à subvenir entièrement à ses besoins reflète son intégrité, sa fidélité à son identité fondamentale. Nous nous soutenons les uns les autres dans le rétablissement et ensemble, en tant que membres d'un groupe se suffisant à lui-même, nous assumons nos responsabilités collectives.

L'anonymat, tel que nous le pratiquons en acceptant d'être responsables de notre groupe, reflète notre intégrité. L'anonymat appliqué à la septième tradition signifie davantage que de contribuer anonymement sans attendre une quelconque forme de reconnaissance, même si cela en fait aussi partie. Dans le contexte de cette tradition, l'anonymat signifie également que toutes les contributions des membres d'un groupe sont importantes. L'argent déposé dans la collecte, le temps passé à préparer la salle de réunion, l'énergie dépensée à accueillir les nouveaux et les nouvelles, tout cela relève de la responsabilité du groupe et constitue des contributions d'importance égale.

Anonymat, honnêteté, foi, simplicité, acceptation de responsabilités, gratitude, tout cela ensemble signifie une seule chose : la liberté. En incitant nos groupes à s'assumer financièrement, la septième tradition leur procure une liberté fondamentale : celle de partager le rétablissement comme bon leur semble, sans obligation envers un quelconque donateur. Elle donne à nos groupes une autre liberté, celle que procure une force intérieure, une force qui naît de l'application des principes spirituels. En prenant la décision de subvenir entièrement à ses besoins, un groupe de Narcotiques Anonymes s'assure de toujours posséder les ressources nécessaires à son existence et à l'accomplissement de son but primordial.

# HUITIÈME TRADITION

*« NA devrait toujours demeurer non professionnel, mais nos*
*centres de service peuvent engager des employés spécialisés. »*

Narcotiques Anonymes propose une approche résolument non professionnelle de la maladie de la dépendance. Nous ne gérons aucun hôpital, aucun centre de traitement, aucun service de consultation, aucun établissement à caractère professionnel. Nous ne faisons pas de diagnostic et ne suivons pas les progrès de nos patients. Notre fraternité ne regroupe pas des patients mais des membres. Nos groupes n'offrent aucun service à caractère professionnel, qu'ils soient d'ordre thérapeutique, médical, légal ou psychiatrique. Nous formons simplement une fraternité de dépendants en rétablissement qui se réunissent régulièrement pour s'entraider à rester abstinents.

L'examen de la sixième tradition nous a montré que le message de Narcotiques Anonymes se suffisait à lui-même. Pour permettre un rétablissement efficace de la dépendance, nos groupes n'ont nul besoin de requérir l'aide d'organisations extérieures. De manière identique, la huitième tradition nous rappelle qu'aucun diplôme professionnel n'est exigé de nos membres pour transmettre notre message, car le principe fondamental du rétablissement à la manière de NA réside dans l'aide apportée par un dépendant à un autre. Il n'existe pas de thérapeutes agréés par Narcotiques Anonymes ; nos expériences multiples dans le domaine du rétablissement de la dépendance à la drogue nous qualifient amplement. L'expérience de première main que chacun d'entre nous possède sur ce sujet, nous donne toute autorité pour transmettre le message aux autres dépendants. En aucune façon, nos membres ne sont rétribués pour leur travail de douzième étape, de même que nos groupes ne perçoivent ni honoraires ni redevances pour transmettre le message de NA. Voilà ce qu'il faut comprendre lorsque nous déclarons que Narcotiques Anonymes devrait toujours demeurer non professionnel.

Toutefois, cela ne veut pas dire que si nous sommes membres de NA, nous n'avons pas le droit de travailler comme thérapeutes professionnels. L'unique sens de cette déclaration est que, dans une réunion de Narcotiques Anonymes, la profession d'un membre n'a aucune importance. La valeur thérapeutique du message que nous partageons ensemble, réside dans notre expérience personnelle du rétablissement, et non dans nos diplômes, notre formation ou encore notre statut professionnel.

Nous ne faisons pas commerce de rétablissement ; nous le partageons gratuitement avec les autres dans un esprit d'amour et de gratitude. Cependant, les groupes de Narcotiques Anonymes, les conseils de service et les comités peuvent avoir besoin de compétences professionnelles pour remplir leurs missions. La huitième tradition oppose nettement « faire commerce de notre rétablissement » et employer des gens pour nous aider à accomplir notre travail de service. Si l'un de nos comités requiert une aide professionnelle dans un do-

maine particulier du service, rien ne l'empêche de recourir à un spécialiste (avocat ou comptable par exemple). Si nous avons besoin d'employer régulièrement
quelqu'un, ce que nous appelons « un employé spécialisé », il n'est pas interdit de lui verser un salaire en
échange de ses services. Si cet employé spécialisé fait
aussi partie de la fraternité, il ne fait pas commerce de
son rétablissement, mais fournit un service professionnel pour lequel, de toute façon, nous aurions dû engager un non-dépendant.

## Application des principes spirituels

Parmi les douze traditions, la huitième est l'une des
plus simples et des plus directes. Aussi les principes qui
la sous-tendent, c'est-à-dire l'humilité, la prudence,
l'anonymat et l'intégrité, sont des principes éminemment pratiques.

Le groupe fait preuve d'humilité lorsqu'il ne prétend
pas être plus ou moins que ce qu'il est. Nous ne revendiquons pas la qualité de professionnels ou d'experts
en quoi que ce soit. Nous ne sommes pas médecins,
psychiatres ou thérapeutes mais des dépendants en
rétablissement. La seule chose que nous proposons,
c'est notre expérience pratique et collective de l'abstinence de toute drogue : comment l'acquérir et comment
la vivre. La valeur de notre programme découle du fait
que les dépendants peuvent s'identifier à d'autres dépendants et leur faire confiance.

Notre humilité se manifeste également lorsque nous
reconnaissons que des spécialistes peuvent nous aider

à assurer certains services. Nous insistons tellement sur la valeur thérapeutique de l'aide apportée par un dépendant à un autre que, parfois, nous hésitons à faire appel à un spécialiste lorsque nous en avons besoin. Mais certains services de NA exigent une disponibilité ou un savoir-faire qui outrepassent le bénévolat de nos membres. Notre orgueil ne doit pas empêcher notre fraternité de recruter les employés dont elle a besoin pour renforcer ses services.

En revanche, nous ne devrions pas engager d'employés spécialisés pour les tâches que nous pouvons faire nous-mêmes. Nous devons être prudents quant à l'emploi de professionnels dans nos services. Dans ceux-ci, la plupart des tâches n'exigent aucune connaissance particulière ni engagement long et régulier. Nos membres sont parfaitement capables de les accomplir bénévolement. La prudence nous permet de distinguer les tâches qui nécessitent l'intervention d'employés spécialisés de celles que nous pouvons accomplir nous-mêmes.

La huitième tradition rappelle à nos groupes la valeur de l'anonymat. Un professionnel est une personne possédant certaines compétences, souvent reconnues par des diplômes délivrés par des organismes accrédités. Un groupe de Narcotiques Anonymes ne compte pas de tels professionnels parmi ses membres. En revanche, chacun est un expert quant à son propre rétablissement, ce qui lui donne toute qualification pour le partager avec un autre dépendant.

Enfin, la huitième tradition renforce l'intégrité du groupe en l'aidant à préserver ce qu'il y a de plus important dans sa nature fondamentale. Qu'est-ce que Narcotiques Anonymes, après tout, sinon une fraternité de dépendants qui partagent librement ensemble un message simple, celui de leur expérience personnelle ? Avec la huitième tradition, chaque groupe de NA s'engage fermement et de façon permanente à préserver la précieuse spécificité de notre programme. En convenant que Narcotiques Anonymes devrait toujours demeurer non-professionnel, nous réaffirmons que la valeur thérapeutique de l'aide apportée par un dépendant à un autre est sans égale ! C'est le cœur même de notre programme et tant qu'il conservera sa vigueur, notre fraternité et notre rétablissement se porteront bien.

# NEUVIÈME TRADITION

*« NA comme tel ne devrait jamais être organisé ; cependant,*
*nous pouvons constituer des conseils de service ou créer des*
*comités directement responsables envers ceux qu'ils servent. »*

Il est écrit dans notre « Livret blanc » que « NA est une fraternité ou une association à but non lucratif, composée d'hommes et de femmes pour qui la drogue était devenue un problème majeur. Nous sommes des dépendants en rétablissement. Nous nous réunissons régulièrement pour nous entraider à rester abstinents. » C'est ainsi que se définit NA, comme une simple fraternité d'entraide, de dépendant à dépendant, ayant une approche non-professionnelle de la maladie de la dépendance. Nous sommes réellement une fraternité et non une organisation visant à exercer des pressions quelconques. Nous ne délivrons pas de soins médicaux et ne dirigeons aucun centre de traitement. Nous ne revendiquons pas le statut de professionnels. Nous n'avons pas de règlements, de frais d'inscription ou de conseils d'administration. Le désir d'arrêter de consommer est la seule condition requise pour devenir membre de notre fraternité. Notre but primordial est simple : transmettre notre message de rétablissement. Tels sont certains des critères traditionnels servant à guider nos groupes, tandis que notre autorité ultime est une puissance supérieure telle qu'elle s'exprime dans la conscience de nos membres. Voilà ce qu'est NA, tel que nous l'entendons. Si nos groupes fonctionnent aussi bien, c'est qu'ils s'appliquent à garder les choses simples, afin que rien ne nous empêche de transmettre notre message aussi simplement et directement que possible, de dépendant à dépendant.

Malgré son insistance à en appeler à la simplicité, la neuvième tradition ne cautionne aucunement la *désorganisation* dans le travail de service ; bien au contraire, elle conçoit que notre fraternité requière un certain degré d'organisation pour poursuivre son but primordial. Plutôt que de suggérer à nos groupes de s'organiser, la neuvième tradition les engage à créer des conseils ou des comités qui puissent répondre à leurs besoins. Comme le fait de ne pas agir en tant que professionnels ne nous interdit pas d'en engager certains pour nous épauler, nous avons la possibilité d'organiser des conseils ou des comités pour nous servir même si nous ne sommes pas formellement organisés. Cette façon de procéder assure à notre fraternité une approche claire et directe du rétablissement, tout en permettant à ses membres d'accomplir des tâches de service qui demandent une certaine organisation.

Soit, nous pouvons créer des conseils de service ou des comités. Nous devons alors nous poser au moins deux questions : pourquoi souhaitons-nous créer de telles instances ? Quels sont les besoins qui motivent leur création ? Afin d'y répondre, comme nous l'avons déjà fait au cours de la septième tradition, nous allons examiner de quelle manière évolue un groupe de NA.

Lorsque se forme, dans une région donnée, le tout premier groupe de Narcotiques Anonymes, il n'a aucun autre besoin que celui de réunir ses membres afin que ces derniers puissent s'entraider à rester abstinents et transmettre le message à d'autres dépendants. Au fur et à mesure que le groupe s'agrandit, tout en continuant de veiller à ce que le message soit transmis aussi efficacement que possible, il voit se multiplier ses activités de service liées aux réunions. Afin que celles-ci restent centrées sur le rétablissement, il est d'usage que le groupe organise ses réunions de service séparément de manière à préserver la simplicité de notre mode de fonctionnement.

En se développant, ce groupe donne souvent naissance à d'autres. Afin de prolonger l'esprit d'unité et de camaraderie qui régnait dans le groupe d'origine, ces nouveaux groupes élisent des représentants qui se rencontrent périodiquement pour donner des nouvelles de leurs groupes respectifs et pour résoudre ensemble les problèmes de tel ou tel groupe. De temps en temps, ces nouveaux groupes organisent ensemble une grande réunion de rétablissement ou un événement quelconque, donnant ainsi l'occasion de se rassembler à toute la communauté locale de NA.

Tôt ou tard, les groupes prennent conscience des possibilités qu'ils détiennent grâce à leur comité de représentants. Avec ce comité, ils peuvent unir leurs ressources et associer leurs idées directrices ce qui leur permet de parfaire leur fonctionnement et, conjointement, transmettre notre message à une plus grande échelle. Afin de faciliter leur approvisionnement en livres et en dépliants sur le rétablissement, les groupes peuvent demander à leur comité de les commander en gros. Les groupes peuvent demander à leur comité de produire une liste des réunions de NA de la région, liste destinée à être distribuée en réunions afin d'en faciliter l'accès. Les groupes peuvent également demander que des actions soient entreprises dans le domaine de l'information publique, auprès des hôpitaux et des prisons, ou bien d'assurer des permanences téléphoniques. Tout cela dans le but de mieux nous faire connaître des dépendants qui souffrent encore et qui n'ont pas encore entendu parler de notre fraternité, et de mieux informer le public sur Narcotiques Anonymes en général. L'important est que la création de ces services corresponde réellement aux besoins des groupes et que les conseils et comités ainsi créés répondent à ces besoins.

Ces besoins doivent en premier lieu être définis par les groupes eux-mêmes ; ensuite, ceux-ci créent les conseils et les comités qui les servent. Comment alors s'assurent-ils que ces conseils de service et ces comités demeurent directement responsables envers ceux qu'ils servent ? Ils y parviennent, avant tout, grâce à la régularité dans la communication. Au moyen de leurs représentants, les groupes communiquent avec les conseils et les comités qui les servent en donnant régulièrement des nouvelles de leur état et de leurs activités. Ils font part de leurs soucis et expriment leurs besoins, leurs idées et leurs désirs. Cette somme d'informations permet aux conseils et aux comités de mieux comprendre et de mieux servir les besoins des groupes.

La communication se fait dans les deux sens. Les groupes fournissent des informations et des idées directrices aux conseils et comités qui les servent, et ceux-ci rendent compte aux groupes de leurs activités, de leurs discussions et de leurs projets. Les conseils et comités de service agissent de manière responsable lorsqu'ils consultent les groupes sur toutes les questions qui les concernent directement, et leur demandent conseil sur celles que les politiques existantes n'englobent pas. En communiquant ainsi régulièrement dans les deux sens, les groupes de NA et les conseils et comités de service qui les servent favorisent un esprit de responsabilité bénéfique à notre fraternité et à son but primordial.

**Application des principes spirituels**

Parce que la neuvième tradition autorise les groupes à établir une structure de service — ce qui n'est pas chose facile — beaucoup pensent que la neuvième tradition est très complexe. En réalité, les principes spirituels qui sous-tendent cette tradition sont très simples. En premier lieu, la neuvième tradition a pour objet NA dans son ensemble et non la relation entre les groupes et les comités de service. Nous sommes une fraternité de dépendants en rétablissement qui s'entraident à rester abstinents, et rien d'autre.

Autant que possible, les services que nous organisons doivent rester distincts des groupes afin de permettre à ceux-ci de poursuivre simplement et directement leur but primordial, de dépendant à dépendant. Quant aux conseils et comités que nous mettons en place, ils sont organisés uniquement en fonction des besoins et selon les lignes de conduite les plus simples possibles. Ils sont structurés pour nous servir, et non pour établir une bureaucratie complexe et omnipotente. La neuvième tradition est loin d'être compliquée ; en fait, du début à la fin, elle ne parle que de simplicité.

La neuvième tradition parle également d'anonymat. Lorsque cette tradition exhorte NA dans son ensemble à ne jamais s'organiser, cela signifie surtout que nous ne devons pas créer une hiérarchie de cadres, une bureaucratie qui imposerait sa loi aux groupes et à leurs membres. Comme nous l'avons exprimé dans la deuxième tradition, nos dirigeants ne nous gouvernent pas, ce sont des serviteurs qui orientent leur action selon les directives de la conscience collective de ceux qu'ils servent. C'est notre but primordial qui définit NA dans son ensemble et non les personnalités des serviteurs de confiance. Pour renforcer l'anonymat de la neuvième tradition, nos groupes, nos conseils de service et nos comités pratiquent différents systèmes de rotation des postes, cela afin qu'aucune personnalité n'en vienne jamais à dominer.

L'humilité est également un principe implicite de la neuvième tradition. De lui-même, un groupe est en quelque sorte limité dans sa capacité à poursuivre son but primordial ; le temps, l'argent et le nombre de membres dont il dispose pour transmettre le message sont limités. Cependant, lorsque plusieurs groupes mettent en commun leurs ressources, en s'unissant pour former un conseil de service ou un comité, ils accroissent leur capacité à atteindre leur but. Ensemble, ils deviennent capables de faire ce qu'ils ne pouvaient pas faire seuls. L'humilité s'applique aussi aux conseils et aux comités dont fait état la neuvième tradition. Ces conseils et ces comités sont créés uniquement pour servir et non pour gouverner. Ils sont directement responsables envers les groupes et doivent toujours se plier à leurs directives explicites. Bien que l'aide qu'ils apportent aux groupes dans la poursuite de leur but primordial soit indéniable, c'est toujours au sein des groupes que NA dans son ensemble réalise ses objectifs, et non au sein des conseils et des comités qui les servent.

En matière de relation entre les groupes et les conseils ou comités qui les servent, la prudence fait partie des principes directifs de la neuvième tradition. Il est de la responsabilité des groupes d'examiner leurs besoins avec soin, et de planifier leurs projets avec mesure avant de créer tout conseil ou comité. Rien ne complique davantage le fonctionnement simple de NA dans son ensemble qu'une profusion inutile ou sophistiquée de comités, de conseils et de sous-comités.

La responsabilité des groupes ne prend pas fin avec la création d'un conseil ou d'un comité qui répond à leurs besoins en matière de service. En fait, celle-ci ne fait que commencer. Aussi longtemps que le comité fonctionne, les groupes doivent toujours rester bien informés sur ses activités. Ils doivent aussi le guider de façon continue. Nos conseils et comités ne peuvent être tenus pour responsables envers les groupes qu'ils servent, qu'à la seule condition que les groupes agissent de manière responsable dans leurs relations de service. Enfin, la neuvième tradition traite de la fidélité. Les groupes de Narcotiques Anonymes s'unissent pour mettre en commun leurs ressources et créer des conseils de service et des comités qui favorisent la poursuite de leur but primordial. Toutefois, ces conseils et ces comités ne sont pas appelés à gouverner Narcotiques Anonymes ; il leur est seulement demandé d'être dignes de la confiance que leur accordent les groupes qu'ils servent. Avec un minimum d'organisation, les conseils et les comités de service accomplissent des tâches au nom des groupes dans le seul but de leur permettre de remplir simplement et directement leur vocation première. Notre fidélité à la neuvième tradition garantit que l'esprit de rétablissement qui agit simplement et spontanément entre un dépendant et un autre au sein d'un groupe de NA, ne soit jamais étouffé par une quelconque réglementation, législation ou codification.

# DIXIÈME TRADITION

*« NA n'a aucune opinion sur des sujets extérieurs ; c'est pourquoi le nom de NA ne devrait jamais être mêlé à des controverses publiques. »*

Narcotiques Anonymes est une association de dépendants en rétablissement qui, à l'aide de principes spirituels simples, s'entraident à rester abstinents. Le but primordial de notre fraternité, comme celui de nos groupes, est d'offrir cette entraide à tout dépendant désireux de se rétablir. En dehors de cela, NA ne s'exprime sur aucun autre sujet. En refusant de prendre position sur un quelconque sujet, nous ne nous mêlons pas à des controverses publiques qui pourraient nous détourner de notre but primordial. Voilà ce qu'exprime notre dixième tradition.

Pour la plupart d'entre nous, il va de soi que Narcotiques Anonymes, en tant que fraternité, n'émette aucune opinion sur les grands problèmes d'actualité. Ceux-ci n'ont pas, de près comme de loin, grand-chose à voir avec la dépendance ou le rétablissement. Cela dit, on pourrait s'attendre à ce qu'une association de dépendants en rétablissement, de par son envergure mondiale, prenne position sur un grand nombre de questions liées à la dépendance. « Quelle est, nous demande-t-on parfois, l'opinion de NA en matière de traitement de la dépendance ? Ou sur les autres fraternités utilisant les douze étapes ? Sur la légalisation des drogues ? Sur les maladies liées à la dépendance ?

Etc....» Conformément à la dixième tradition, nous répondons que nos groupes et notre fraternité ne prennent position sur aucun sujet en dehors du programme de NA. Nous restons neutres afin de concentrer nos efforts sur ce que nous faisons le mieux : partager notre rétablissement entre dépendants.

Cependant, même lorsque nous ne faisons qu'expliquer en public notre programme, il se peut que nous soyons entraînés sur un terrain glissant. Les conceptions de NA sur l'abstinence complète, sur la possibilité de se rétablir au sein de la société sans avoir à suivre un traitement de longue durée au sein d'un établissement spécialisé, sur le concept de la maladie de la dépendance, ou encore son ouverture vis-à-vis de la spiritualité ne sont pas universellement acceptées. Des personnes travaillant dans le domaine du traitement de la dépendance peuvent avoir un regard très différent du nôtre sur ces sujets. Mais nous ne pouvons renier ces aspects de notre programme que certains ne partagent pas. À nous de prendre soin d'expliquer notre programme de manière à ne pas délibérément provoquer la controverse, en faisant par exemple la déclaration suivante dès le départ : « Nous ne demandons pas que tout le monde se rallie à nos vues, de même que nous ne nous opposons pas à ceux qui en ont d'autres. Nous souhaitons simplement vous informer sur le programme de Narcotiques Anonymes ». Si, à titre de groupe ou de fraternité, nous ne faisons qu'exprimer notre expérience de rétablissement au lieu de notre opinion concernant le succès ou le mode de fonctionnement de NA, nous nous tiendrons à l'écart de toute controverse publique.

Si la dixième tradition interdit à NA de prendre position en tant que fraternité sur des sujets extérieurs, en revanche elle ne l'interdit pas à chacun d'entre nous. Dans Narcotiques Anonymes, nous croyons ardemment à la liberté individuelle. Tout dépendant qui a le désir d'arrêter de consommer peut faire partie de NA simplement en s'en déclarant membre. Jamais nous ne demandons de frais d'admission, de cotisations, d'engagement à signer ou de promesses à faire à qui que ce soit. Il s'agit d'un programme spirituel, mais nous encourageons chacun de nos membres à se faire une conception personnelle de sa puissance supérieure. Même nos dirigeants n'agissent qu'à titre de serviteurs de confiance, et n'ont pas le pouvoir de dicter aux membres individuels ce qu'ils doivent faire, penser ou dire. Les membres de NA sont encouragés à penser par eux-mêmes, à développer leurs propres opinions et à les exprimer quand ils jugent bon de le faire.

La dixième tradition ne met en garde les membres de NA que sur un seul point : bien réfléchir à ce qu'ils vont dire avant de s'exprimer en public. Dans certaines situations, tout ce qu'ils disent risque d'être interprété comme étant la position de la fraternité, même lorsque la situation n'a, en soi, rien à voir avec Narcotiques Anonymes et malgré le fait que ceux-ci affirment clairement que les opinions qu'ils expriment sont strictement les leurs. Nous ne sommes pas responsables de la mauvaise interprétation que d'autres peuvent faire de ce que nous disons en tant qu'individus, ce qui n'exclut pas pour autant les conséquences néfastes qui en résulteraient. Celles-ci peuvent être évitées simplement en réfléchissant avant de parler en public.

Qu'en est-il lorsque nous sommes entre dépendants en rétablissement ? La dixième tradition interdit-elle au dépendant en rétablissement de parler en réunion des difficultés qu'il affronte ? Non, certainement pas. Si tel problème particulier est peut-être un sujet extérieur, son incidence sur notre rétablissement ne l'est pas ; tout ce qui affecte la vie d'un dépendant en rétablissement est matière à partage. Si un problème menace notre capacité à rester abstinents et empêche notre croissance spirituelle, il n'est alors plus un sujet extérieur. Beaucoup de choses peuvent nous déséquilibrer et mettre en jeu notre rétablissement. Nous en discutons souvent ensemble en réunion en recherchant, par le partage avec nos amis de NA, le moyen d'alléger notre fardeau. Nous demandons aux autres de partager avec nous la façon dont ils ont appliqué, en de pareilles circonstances, les principes du programme, et de nous dire comment ils ont retrouvé l'équilibre et consolidé leur rétablissement. Pour parler de ces choses dans nos réunions, nous n'avons besoin de la permission de personne.

Néanmoins, nous savons tous que certaines opinions personnelles engendrent la polémique et sont susceptibles de détourner nos réunions de leur but primordial. Notre désir est bien entendu de permettre à nos réunions de rester centrées sur le rétablissement ; mais si tout est matière à rétablissement, alors comment déterminer ce que nous allons partager ? Les questions suivantes peuvent nous éclairer : est-ce que je partage mon expérience ou est-ce que j'émets une opinion ? Est-ce que je me complais dans un problème ou est-ce que je cherche une solution ? Mon partage a-t-il en vue de rassembler le groupe ou de le diviser en plusieurs camps ? Est-ce que j'explique clairement que ce que j'exprime, je le fais en mon nom, et *non* en celui de Narcotiques Anonymes ? Tant que nous gardons uniquement en vue la poursuite de notre bien commun et de notre but primordial, nous restons à l'écart des controverses qui nous détournent du rétablissement.

**Application des principes spirituels**

Parmi les principes appliqués par les groupes et la fraternité dans l'exercice de la dixième tradition, on distingue, en premier lieu, l'unité. Malgré la diversité d'opinions de nos membres, Narcotiques Anonymes est unie dans sa volonté de ne pas émettre d'opinion sur quelque sujet que ce soit à l'exception de son propre programme. En tant que fraternité, nous ne prenons position que sur ce qui nous rassemble, comme nos principes de rétablissement, et nous laissons de côté les nombreuses opinions personnelles qui pourraient nous diviser.

La dixième tradition fait appel à notre sens des responsabilités. En tant que groupes et en tant que fraternité, nous avons la responsabilité de transmettre notre message au dépendant qui souffre encore. Notre responsabilité est de créer une ambiance propice à la liberté de partage entre dépendants en rétablissement.

Pour que cela s'accomplisse efficacement, nous devons nous tenir aussi éloignés que possible des controverses publiques. Il se peut que cela soit parfois difficile à éviter, car certains points du programme de Narcotiques Anonymes, comme notre position sur l'abstinence complète, peuvent être ouvertement contestés par certains secteurs publics. Cependant, nous pouvons faire en sorte d'éviter les controverses qui pourraient venir d'une prise de position de la part des groupes ou de la fraternité sur des sujets n'ayant absolument rien à voir avec notre programme.

Quels que soient le lieu ou les circonstances dans lesquels nous nous exprimons en tant que membres individuels de NA, nous exerçons une pratique responsable de la dixième tradition en respectant personnellement le caractère de neutralité de Narcotiques Anonymes. En public, nous nous efforçons de bien faire la distinction entre nos opinions personnelles et celles de NA et évitons d'exprimer une opinion personnelle toutes les fois où cette distinction pourrait ne pas être perçue clairement. En réunion, afin de ne pas donner prise à une quelconque mauvaise interprétation, nous nous faisons un devoir d'avertir clairement que nous partageons notre propre expérience et non la position de Narcotiques Anonymes. La manière dont nous nous exprimons en tant que membres de NA influe souvent sur la façon dont les autres perçoivent Narcotiques Anonymes ; aussi, en tant que membres responsables, nous devons porter une attention particulière à ce que nous disons, afin de respecter la neutralité indispensable à notre bien commun.

Afin de se conformer à la dixième tradition, nos groupes, nos conseils de service et nos comités doivent user de prudence lorsqu'ils interviennent auprès du public. Les membres de notre fraternité sont continuellement en contact avec la société. Les groupes entretiennent des rapports avec les loueurs de leurs salles de réunion et avec leur voisinage ; les Comités des hôpitaux & prisons avec les administrateurs d'établissements ; les membres de l'Information publique avec les professionnels de la santé, les organisations caritatives, les services gouvernementaux et les médias. Dans tous nos contacts avec la société, nous devons prendre soin de ne pas exprimer d'opinions sur des sujets dépassant les limites de notre programme. Faire preuve de prudence renforce aux yeux du public la crédibilité de Narcotiques Anonymes dans le seul domaine qui lui est propre : son programme de rétablissement de la dépendance.

En mettant en pratique la dixième tradition, nous exprimons notre foi en la valeur de l'anonymat. Nous avons tous des opinions, mais lorsque nous nous exprimons en tant que groupes ou en tant que fraternité, nous ne prenons aucune position sur les opinions des uns et des autres. C'est le message de notre fraternité que nous devons partager avec le public et pas nos opinions personnelles.

La dixième tradition est éminemment pratique. Le seul domaine sur lequel notre fraternité accepte de mettre sa réputation en jeu est le programme de NA lui-même. Cet aspect pratique nous demande de l'humilité, autre principe spirituel fondamental. Narcotiques Anonymes ne prétend pas avoir la solution à tous les problèmes du monde, ni même détenir l'unique solution à la dépendance. Lorsque, en tant que groupes ou en tant que fraternité, nous nous exprimons publiquement, nous ne partageons que notre message. Nous parlons de ce que nous faisons, sans soutenir ni dénigrer le travail des autres. Nous ne sommes rien d'autre qu'une association de dépendants en rétablissement. Nous partageons entre nous notre rétablissement et en faisons cadeau au dépendant qui souffre encore ; et c'est tout. Nous nous exprimons sur notre programme d'une manière simple, car nous savons que notre efficacité sera bien mieux reconnue que toute forme de publicité. Le programme a marché pour nous et il est accessible à tous ceux que le rétablissement intéresse. Chaque fois que nous pouvons apporter notre aide, nous le faisons sans hésiter.

# ONZIÈME TRADITION

*« La politique de nos relations publiques est basée sur l'attrait plutôt que sur la réclame ; nous devons toujours garder l'anonymat personnel au niveau des médias. »*

La onzième tradition constitue la pierre angulaire de la politique de relations publiques de Narcotiques Anonymes. Néanmoins, avant elle, six autres traditions abordent divers aspects de ce domaine. Ainsi, les troisième et cinquième traditions traitent de notre but primordial et de nos objectifs en matière de relations publiques. Les sixième et septième traditions décrivent la nature de nos relations avec d'autres organismes, et la dixième tradition explique notre politique vis-à-vis de toute déclaration publique sur les sujets qui débordent les limites de notre programme de rétablissement. En clair, nos traditions se préoccupent autant de nos relations avec le public que de nos relations internes.

Au cours de leur existence, la plupart des groupes de Narcotiques Anonymes ont, sous une forme ou une autre, un contact avec le public. Cependant, les relations avec le public dont il est question dans la onzième tradition sont délibérées, alors que les rencontres habituelles entre les groupes et les personnes extérieures à la fraternité sont informelles et fortuites. Si nous voulons décider d'une « politique » de relations publiques, il est important que nous déterminions un « programme » de relations publiques qui respecte le but primordial de notre fraternité. Faire un bon travail d'information publique *n'est en rien* faire de la réclame ; ce travail s'efforce plutôt de rendre NA attrayant pour ceux qui pourraient en avoir besoin. En tant que groupes, conseils de service et comités de NA, nous avons à cœur d'entretenir de bonnes relations avec le public, non pas en tant que bénéfice secondaire de nos activités, mais parce que cela représente une meilleure manière de transmettre notre message aux dépendants. Narcotiques Anonymes n'est pas une société secrète ; la onzième tradition parle de l'anonymat de la personne, et non de l'anonymat de la fraternité. Plus nous nous faisons connaître du public, plus grandes sont les chances que les dépendants qui souhaitent se rétablir ( ou leurs amis, leur famille, leurs collègues de travail ) pensent à nous et sachent où nous trouver lorsqu'ils se décideront à demander de l'aide. L'une des manières de participer au programme de relations publiques de NA est de prendre du service dans un sous-comité d'information publique.

Lorsque nous effectuons un travail de relations publiques, la onzième tradition nous recommande d'exposer simplement et sincèrement ce qu'est Narcotiques Anonymes et ce que nous faisons. Nous ne devons pas nous laisser aller à des louanges dithyrambiques à propos de NA. Nos arguments doivent être attrayants et nonracoleurs, à l'instar de notre programme qui s'adresse aux dépendants et à la société en général en leur disant : « Si vous désirez ce que nous avons à offrir, voici ce que nous sommes et comment nous fonctionnons. Si nous pouvons vous être utiles, faites-nous le savoir. »

Il n'est pas rare qu'un organisme utilise, comme porte-parole, ses membres célèbres dans l'espoir que leur prestige rehaussera sa crédibilité. Si cela leur convient, il n'en va pas de même pour nous. En matière de relations publiques, la onzième tradition nous dit très clairement de ne jamais agir de la sorte, qu'un membre soit célèbre ou non. En effet, si nous avions recours à un membre connu pour effectuer une présentation de NA, et qu'ensuite cette célébrité rechutait ou perdait sa notoriété, quel bénéfice en tirerait la crédibilité de notre fraternité ? Cela s'applique aussi bien à n'importe lequel d'entre nous qui serait placé, au nom de NA, sous le feu des projecteurs. La crédibilité du message de NA peut être particulièrement mise à mal par ceux qui transmettent le message. Devant le public, la presse, la radio, le cinéma ou tout autre média, nous devons toujours garder notre anonymat personnel.

La même attitude s'applique aux autres formes d'information publique. L'anonymat en public nous permet de mieux concentrer l'attention de l'auditoire sur le message de NA, et non sur la personnalité de ceux qui présentent NA. Nous n'effectuons jamais seuls une présentation auprès du public, car même en équipe de deux, nous représentons bien mieux Narcotiques Anonymes. De plus, une personne seule risque trop de devenir le centre d'intérêt de l'auditoire. Il est plus facile pour une équipe de contenir la personnalité de ceux qui la composent, et ce afin de garantir que la présentation se rapporte bien à NA et non à un dépendant en particulier. La vérité première selon laquelle « un dépendant seul est en mauvaise compagnie » s'applique aussi bien dans nos relations publiques que dans notre rétablissement personnel.

La plupart du temps, cependant, conserver ou non son anonymat personnel est une décision purement individuelle. Durant notre période de consommation, malgré tous nos efforts pour cacher notre dépendance, nos proches étaient très probablement au courant des problèmes que nous avions. Aujourd'hui, certaines circonstances peuvent se prêter à ce que nous leur parlions de notre rétablissement et de notre appartenance à Narcotiques Anonymes.

Dévoiler son appartenance à NA peut, en diverses circonstances, se justifier. Par exemple, lorsqu'un de nos amis nous fait part des difficultés que rencontre une de ses connaissances avec la drogue, rien ne nous empêche de lui parler de Narcotiques Anonymes et de lui dire à quel point cela nous a été bénéfique. Si l'un de nos collègues de travail se retrouve aux prises avec la drogue, peut-être pouvons-nous lui parler de notre expérience personnelle. Personne parmi nous ne tient à divulguer son appartenance à NA au premier venu, ni à livrer sans discernement les moments les plus glauques de sa dépendance. Cependant, lorsque nous pensons pouvoir être utiles à quelqu'un, il est peut-être approprié de parler un peu de notre vécu personnel et du rétablissement que nous connaissons grâce à Narcotiques Anonymes.

Tous nos membres, qu'ils participent ou non à un Comité d'information publique, jouent un rôle dans les relations que nous avons avec l'extérieur. Lorsque, dans leur vie courante, les dépendants font montre de rétablissement, ils deviennent notre principale force d'attrait et la preuve vivante de l'efficacité de NA. En nous voyant aujourd'hui, ceux qui savent d'où nous venons feront savoir à leur entourage que NA donne des résultats. Plus ce type de message est transmis, plus il est probable que les dépendants qui souhaitent se rétablir soient attirés par le soutien chaleureux de notre fraternité.

Ainsi, nous devons nous rappeler que, partout où nous allons, nous représentons toujours en quelque sorte Narcotiques Anonymes. Si on nous aperçoit en train de mal nous conduire, alors que nous portons bien en vue le logo de NA sur notre t-shirt, nous transmettons au public, de toute évidence, une image certainement peu attrayante de notre fraternité. Ce que nous disons et faisons n'est pas sans conséquence sur notre rétablissement et sur la fraternité de NA. En tant que membres responsables, nous souhaitons que notre appartenance suscite de l'attrait et non le contraire.

## Application des principes spirituels

La onzième tradition représente une expression de notre foi en l'efficacité de notre programme. En tant que fraternité, notre but primordial est de transmettre le message de rétablissement au dépendant qui souffre encore. Pour accomplir ce but primordial, nous n'avons pas à nous lancer dans des campagnes publicitaires visant à mettre le public de notre côté et attirer les dépendants dans nos réunions. Tout ce que nous avons à

faire c'est parler clairement et simplement du programme de Narcotiques Anonymes. Se faire connaître
du public s'effectue sans tambours ni trompettes, sans
arguments dithyrambiques, sans la notoriété de célé-
brités. Nous sommes convaincus que l'efficacité de
notre fraternité, une fois connue, parlera d'elle-même.
Dans l'application de notre onzième tradition, l'importance de servir n'est pas un simple mot. Pour être
d'une plus grande utilité vis-à-vis du dépendant qui
souffre encore, nous devons mettre tout notre cœur
dans la transmission de notre message au niveau régio-
nal. Il ne fait aucun doute que notre politique de relations publiques est basée sur l'attrait et non sur la réclame. Mais, pour que l'attrait de notre programme
puisse agir sur le dépendant qui souffre encore, nous
devons prendre des mesures vigoureuses pour faire
connaître celui-ci au plus grand nombre possible. Plus
notre système de relations publiques est efficace, plus
nous sommes à même de servir.

Plus haut dans ce chapitre, nous avons parlé du caractère pratique de l'anonymat en public. Mais comme
nous le verrons dans le prochain chapitre, l'anonymat
représente bien davantage qu'un simple facteur pratique entrant dans la mise en œuvre de notre programme
de relations publiques. Chacun d'entre nous a sa propre vie, ses propres mots et sa propre histoire, qui, en
s'additionnant, apportent dimension et couleurs au
message de notre fraternité. Cependant, le message que
nous transmettons à la société ne porte pas sur nos
mérites individuels. Le but primordial de notre travail

de relations publiques est de raconter l'histoire de Narcotiques Anonymes et parler des bienfaits de notre programme pour le dépendant qui souffre encore. Notre pratique de l'anonymat en public repose sur la base spirituelle de toutes nos traditions, qui nous rappelle sans cesse de placer les principes au-dessus des personnalités.

# DOUZIÈME TRADITION

*« L'anonymat est la base spirituelle de toutes nos traditions, nous rappelant sans cesse de placer les principes au-dessus des personnalités. »*

Tout au long de notre rétablissement, nous nous efforçons, dans notre vie quotidienne, de mettre de côté notre propre volonté pour faire place à celle d'une puissance supérieure. Il en va de même pour notre fraternité telle que la définissent nos traditions : son orientation collective s'inspire de principes spirituels et non des personnalités qui la composent. Cette mise en retrait de la personne est ce que l'on entend par le mot « anonymat » dans la douzième tradition, elle représente la base spirituelle sur laquelle repose Narcotiques Anonymes. La douzième tradition comprend en elle-même toutes les autres, elle récapitule et renforce le message des onze traditions précédentes.

L'anonymat est essentiel pour préserver la stabilité de notre fraternité, condition de notre rétablissement personnel. Le rétablissement est chose délicate. Un soutien stable et continu en est le meilleur allié. Chacun d'entre nous et chacun de nos groupes joue un rôle dans le maintien de cette stabilité. Notre unité est si précieuse que, si nous avons le choix entre réaliser nos désirs personnels ou participer au bien commun de notre fraternité, nous faisons passer les intérêts de NA en premier. Un tel choix n'est pas seulement dicté par notre intérêt personnel, après que nous ayons été convenablement avisés sur notre situation, mais aussi par notre sens des responsabilités envers nos camarades dépendants. Le principe de l'unité de NA passe avant l'accomplissement de nos désirs personnels. L'anonymat est le principe fondamental qui sous-tend la tradition qui traite de notre appartenance. Bien que chacun d'entre nous diffère des autres, ce que nous avons en commun, notre désir d'arrêter de consommer, représente la seule condition pour devenir membre de NA. Ce principe simple rassemble, au sein d'une même fraternité consacrée au rétablissement, la diversité de ceux qui souffrent de la maladie de la dépendance.

Le principe de l'anonymat est au cœur de ce que notre fraternité appelle conscience de groupe. Les idées de chaque membre d'un groupe ont leur importance, mais ce qui guide le groupe, c'est la conscience collective de tous ses membres. Avant que le groupe ne prenne une décision, ses membres consultent leur puissance supérieure afin que celle-ci les guide spirituellement et les aide à trouver une solution aux problèmes qui les préoccupent. Les voix des uns et des autres se joignent, humblement, afin de faire naître un sentiment collectif de la volonté de Dieu pour le groupe. Ensemble, elles se fondent en un accord puissant qui nous guide et que nous appelons la conscience du groupe. Le même principe s'applique à la conception de NA au sujet de ses dirigeants. Bien que des membres individuels servent à titre de dirigeants, ils s'acquittent de leurs fonctions conformément à la conscience du groupe et agissent uniquement en tant que serviteurs de notre fraternité. Le principe du service désintéressé et celui d'être guidés collectivement passent avant la personnalité de nos serviteurs de confiance.

De même que l'anonymat guide l'évolution de la conscience collective d'un groupe, il joue aussi un rôle dans l'autonomie des groupes. Chaque groupe est, bien entendu, entièrement libre d'accomplir son but primordial comme bon lui semble, en développant un style bien à lui. Notre fraternité n'oppose qu'une seule restriction à cette liberté quasi totale : un groupe ne doit pas manifester sa personnalité aux dépens des groupes voisins ou de NA dans son ensemble. Le bien de chaque groupe dépend, jusqu'à un certain point, de celui de tous les groupes de NA. Nos groupes ne cherchent pas à exercer leur ascendant les uns sur les autres ; au lieu de cela, ils s'unissent et coopèrent pour travailler au bien de la fraternité dans son ensemble. Le principe de l'anonymat rassemble nos groupes autonomes pour le bien commun de tous.

Le principe de l'anonymat donne forme à notre but primordial. Bien que l'ambition et les buts personnels puissent être source de motivation pour notre développement en tant qu'être humain, notre fraternité est guidée par notre but collectif : transmettre notre message de rétablissement au dépendant qui souffre encore. Lorsque nous entrons dans Narcotiques Anonymes, nous laissons nos intentions personnelles à la porte. Nous ne cherchons plus à seulement nous aider nous-mêmes, nous essayons à présent d'aider aussi les autres. Le désintéressement et non l'ambition personnelle définit le but primordial de nos groupes. L'anonymat guide les rapports de notre fraternité avec la société. Nous ne sommes pas une organisation secrète ; nous sommes heureux de voir que, chaque année, notre nom se répand un peu plus à travers le monde. Toutefois, nous ne vendons pas ce nom à des organismes en échange d'un cautionnement qui pourraient éventuellement nous aider à promouvoir notre but primordial. Nous n'essayons pas non plus d'influencer le public en mettant en avant le prestige du nom de notre fraternité. Si nous accomplissons notre but primordial, la société constate notre utilité. Nous n'avons pas besoin de cautionner quoi que ce soit pour obtenir le soutien des autres. Le bien que les amis de notre fraternité disent de nous est une recommandation suffisante.

L'anonymat est un des principes qui guident la manière dont nos groupes mettent la septième tradition en pratique. Nous croyons en la valeur intrinsèque de la générosité désintéressée. Pour cette raison, nous choisissons de recevoir anonymement le soutien financier de nos membres. Nous incitons chaque groupe à devenir entièrement autonome, et à éviter de dépendre d'un ou deux membres. Le principe du don désintéressé, qui se fait sans en attendre ni gloire personnelle ni récompense, va de pair avec le principe de responsabilité collective. Ensemble, ils assurent la solidarité spirituelle et la stabilité financière de nos groupes.

Ce même principe de l'anonymat désintéressé est la base spirituelle de notre huitième tradition. Dans Narcotiques Anonymes, nous n'avons pas de professionnels des douze étapes. Nous utilisons plutôt le langage simple de l'empathie pour partager librement les uns avec les autres l'expérience spirituelle que nous appelons rétablissement. Cette expérience spirituelle ne peut être ni achetée ni vendue ; elle ne peut qu'être offerte. Plus nous partageons librement cette expérience, plus nous renforçons l'empathie qui nous rassemble. Cette tradition nous rappelle de placer le principe du don anonyme et désintéressé avant tout désir personnel de reconnaissance ou de récompense que nous pourrions avoir.

Dans Narcotiques Anonymes, nous appliquons l'anonymat dans notre façon de structurer l'organisation de nos services. Notre fraternité n'a aucune hiérarchie autoritaire. Nous créons des conseils et des comités uniquement pour qu'ils nous servent et non pour qu'ils nous gouvernent. Les divers éléments de notre structure de service sont animés par le but primordial et par la conscience collective de notre fraternité, et ils sont directement responsables des services qu'ils prodiguent en notre nom. Nous attendons de ceux qui servent dans nos divers conseils et comités, qu'ils agissent sans rechercher pouvoir, propriété ou prestige pour eux-mêmes, mais pour servir de façon désintéressée la fraternité qui a rendu possible leur rétablissement.

Presque tous nos groupes, conseils de service et comités pratiquent l'alternance des postes de service

en laissant rarement un de leurs membres occuper une
fonction particulière plus d'une ou deux fois de suite.
La rotation des postes met en avant la foi de notre fraternité en la valeur de l'anonymat au niveau du service.
Servir dans NA n'est pas la manifestation d'un effort
personnel, mais relève plutôt de la responsabilité collective de notre fraternité dans son ensemble. Ceci ne
veut pas dire que nous n'apprécions pas le soin, l'expérience et les talents dont chacun fait preuve en s'ac-
quittant de ses fonctions de service. Toutefois, nous
plaçons le principe de l'anonymat au niveau du service
au-dessus de la personnalité de nos serviteurs de confiance. La responsabilité collective, et non l'autorité
personnelle, est la force qui guide les services de NA.

Le principe de l'anonymat donne le ton à l'expression publique de notre fraternité. Chacun de nos membres, et ils sont nombreux, possède une opinion personnelle sur une infinité de sujets. Le message que
transmet notre fraternité est cependant, vis-à-vis du
public, celui de notre expérience collective du rétablissement de la dépendance. En tant que groupe et en tant
que fraternité, nous n'émettons pas d'opinion sur autre
chose que le programme de NA. Lors de nos présentations publiques, nous exposons uniquement les principes de notre programme, et non les opinions personnelles de nos membres sur un sujet ou un autre.

L'anonymat s'applique non seulement à nos décla-
rations publiques, mais, en tant que principe, il sous-
tend toute notre politique de relations publiques. Lors
de nos présentations au public, nous fondons la crédi-

bilité de notre programme sur l'efficacité de NA, et non sur la réputation personnelle de tel ou tel membre. Nous nous efforçons d'avoir de l'attrait pour les dépendants et de nous attirer la sympathie du public uniquement en vertu de ce que nous avons à offrir, et non en organisant de grandes campagnes publicitaires. Entrant que fondement de notre politique de relations publiques, des proclamations exagérées au sujet de NA seraient incapables de remplacer la valeur simple mais éprouvée de notre message.

L'anonymat ou « l'incognito » dont il est question dans la douzième tradition remplit nombre de fonctions pratiques dans notre fraternité, et chacune d'entre elles comporte d'importants aspects spirituels. En nous rappelant que « ce qui se dit durant une réunion ne sort pas de cette réunion », les formats de nos réunions essaient d'établir une atmosphère où chacun peut partager sans avoir à craindre que ses propos intimes soient un jour rapportés en public. Ils nous rappellent aussi que, dans les partages que nous entendons en réunion, ce qui importe le plus est le message et non les porteurs de ce message.

L'anonymat de la douzième tradition signifie aussi qu'en dernière analyse, nos différences personnelles ne comptent pas : dans NA, en rétablissement, nous sommes tous égaux. Il n'en est pas moins vrai que nous venons tous à Narcotiques Anonymes avec nos histoires personnelles, nos habitudes de consommation, nos antécédents sociaux et scolaires, nos qualités et nos défauts. Mais, dans le but de notre propre rétablissement, notre identité professionnelle n'a aucun rapport avec notre capacité dans NA à prendre soin les uns des autres. L'instruction, la richesse ou, en revanche, l'illetrisme ou la pauvreté – des états qui ont une si forte influence dans tant d'autres domaines de notre vie – ne nous aideront pas, pas plus qu'ils ne feront obstacle à nos chances de rétablissement, de même ils ne faciliteront pas ni ne pourront entraver nos efforts pour transmettre le message.

Nous sommes tous égaux dans notre appartenance à NA. Nous ne sommes plus des êtres uniques « séparés », nous sommes des personnes anonymes enfin « rassemblées » au sein d'une fraternité. Pour nous qui avons longtemps souffert d'une maladie qui nous isolait, l'anonymat de la douzième tradition signifie que nous avons à présent le sentiment de « faire partie » de quelque chose.

L'anonymat est réellement la base spirituelle de toutes nos traditions. Sans elle, l'unité dont dépend le rétablissement personnel se dissout en un chaos de personnalités incompatibles. Avec elle, nos groupes sont guidés par les principes directeurs contenus dans nos douze traditions, principes qui leur permettent de rassembler nos forces individuelles au sein d'une fraternité qui soutient et nourrit le rétablissement de tous ses membres.

Nous prions pour que Narcotiques Anonymes ne devienne jamais un rassemblement terne et neutre de dépendants sans personnalité. Au contraire, nous savourons la couleur de la personnalité de nos membres, nous apprécions leur compassion, nous encourageons l'initiative et la vivacité dont ils font preuve. En fait, notre diversité est notre force. Nous découvrons que, plus forts sont les membres de notre fraternité, plus celle-ci est profondément unie. L'un des grands paradoxes du rétablissement dans NA est que s'engager ensemble pour le bien commun de Narcotiques Anonymes, rehausse infiniment notre propre bien-être. En ne mettant plus notre volonté en avant, mais en plaçant humblement notre énergie personnelle, quelle qu'elle soit, au service de l'ensemble, nous découvrons une puissance surprenante qui dépasse non seulement la nôtre, mais aussi celle de la somme de ses parties. En se plaçant au service des autres de façon désintéressée – anonymement –, nous découvrons que nos propres besoins sont, à leur tour, comblés au-delà de notre imagination. En nous réunissant anonymement dans une fraternité avec d'autres dépendants en rétablissement et en faisant passer le bien du groupe avant notre bien personnel, notre propre croissance spirituelle, loin de s'en trouver diminuée, s'en trouve rehaussée au-delà de toute mesure. C'est ce que signifie la douzième tradition lorsqu'elle affirme que l'anonymat est la base spirituelle de toutes nos traditions. Aussi longtemps que nous plaçons les principes spirituels en premier, la personnalité de chacun peut grandir et s'épanouir comme jamais auparavant, ce qui assure un épanouissement continu, dans la force et la liberté, à notre fraternité.

Notre bien commun dépend de notre unité. Notre seul espoir de préserver cette unité au sein de l'immense diversité que nous découvrons dans Narcotiques Anonymes, réside dans l'application de certains principes communs : ceux que nous avons découverts dans les douze traditions. Aussi longtemps que nous ferons passer la pratique de ces principes fondamentaux avant l'expression de notre personnalité, tout ira bien.

# INDEX